성공하는 마케팅 전략 수립의 첫 번째 핵심 사항,
여자심리가 반영된 Copy와 Visual 전략이 필수다!

위경환의
여자심리 마케팅

도서출판 시간의물레

맞아 맞아 무릎을 탁 치게 하는

위경환의
여자심리 마케팅

성공하는 마케팅 전략 수립의 첫 번째 핵심 사항,
여자심리가 반영된 Copy와 Visual 전략이 필수다!

도서출판 시간의물레

| 머리말 |

'여자' 마케팅의 영원한 테마

하루에도 수많은 종류의 광고가 다양한 매체를 통해서 게재된다. '과연, 이 광고들 중에서 얼마나 성공할까'라는 의문을 광고 마케팅 담당자들이라면 한번쯤 가져 본 적이 있을 것이다.

그런데 이 광고들이 대체로 브랜드 인지율을 높이거나 유지하기 위한 광고, 혹은 판매 감소 예방을 위한 수준의 광고가 대부분을 차지한다. 이런 광고를 게재하기 위해 드는 많은 비용과 노력들은 효과 확인도 되지 않은 채, 허공 속으로 사라진다.

그러면 성공하는 광고를 만들기 위해서는 어떤 기준이 있어야 한다. 그 기준이 '여자'라고 본다. 세상 인구 절반은 여자이며, 소비 상품 구매력 90% 이상이 여자이므로 그들을 알아야만 시장을 잡을 수 있다.

그래서 광고의 영원한 테마는 '여자'다. 이는 광고의 의무다. 여자를 행복하게 해주지 못하는 광고는 광고 본연의 순리를 거역하는 일이다.

돈 버는 사람은 남자, 돈 쓰는 사람은 여자다. 물론 요즘은 맞벌이로 함께 벌지만 쓸 때는 여자가 90% 이상을 소비한다.

그 예로 남성 양복을 사러 부부가 함께 백화점 신사복 매장으로 간다. 아내가 '당신한테는 이런 양복이 잘 어울려요!'라며 양복을 골라주고 코디해 주며 돈 지불까지도 아내가 도맡아서 한다.

일상용품에서 남성 상품도 80% 이상을 여자가 선택하고 구매한다. 남자가 구매하는 상품은 술, 담배, 스마트폰, 컴퓨터 등 일부에 한정되고 부부가 함께 합의하여 구매하는 것은 아파트, 자동차 정도다.

그러면 광고 마케팅 활동에서 소구(Appeal) 대상을 누구에게 맞추어야 할 것인지가 자명해진다. 바로 '여자'에게 모든 부문이 집중되어야 한다.

성공하는 광고 마케팅을 위해서 카오스 이론(외관상 불규칙하게 보이지만 그것을 지배하는 어떤 규칙이 존재함)을 활용하여 변화무쌍한 여자의 마음을 움직이는 동인을 알아내고, 그에 따른 구매 행동에 대한 체계적인 조사와 연구가 이루어져야 한다.

이 책을 발간하기 위해 어려움이 많았으나 가장 큰 어려움은 사례 설명을 위한 광고사진 자료 수집이었다. 몇 년 간 모아온 많은 광고와 마케팅 그리고 심리학 서적을 참고하였고 보다 객관적으로 쓰기 위해서 노력하였다.

내용 중에는 주관적·객관적인 내용과 남자에게는 상식으로 통하지만 여자에게는 그렇지 않은 내용도 다소 포함되어 있다. 대체로 여자에게 그러한 경향이 있다는 '평균적인 관점'에서 정리하였다.

이 책이 최소 비용으로 최대 효과를 얻는 마케팅 기획 및 전략 수립과 광고물 제작 기준이 되었으면 하는 바람이다. 선뜻 발간에 응해주신 '시간의 물레', 권호순 대표에게 깊이 감사드린다.

2016. 10

위경환

Contents

'여자' 마케팅의 영원한 테마

제1장 ∥ 여자와 곡선 ·· 11
  1. 여자는 곡선을 좋아한다 ································ 12
  2. 여자는 원형 디자인에 약하다 ······················ 14
  3. 여자는 '8'과 '9'에 약하다 ····························· 17

제2장 ∥ 여자와 3M ··· 19
  1. 여자는 음악에 약하다(Music) ······················ 20
  2. 여자는 무드를 갈망한다(Mood) ··················· 24
  3. 여자는 돈과 선물에 약하다(Money) ············ 26
  4. 여자는 남자의 시선에 약하다(Man) ············ 29

제3장 ∥ 여자와 5감 ·· 33
  1. 여자는 향기에 예리한 반응을 보인다(후각) ··· 34
  2. 여자는 먹는 것을 좋아한다(미각) ················ 37
  3. 여자는 색채에 약하다(시각) ························ 40
  4. 여자는 속삭임에 약하다(청각) ···················· 50
  5. 여자는 만지는 것을 좋아한다(촉각) ············ 53
  6. 여자는 신체 접촉에 약하다(촉각) ················ 56
  7. 여자는 섹스에 약하다(육감 ; 오감의 집합) ··· 58

제4장 ‖ 여자와 3B ··· 63
1. 여자는 귀여운 동물에 약하다 ···························· 64
2. 여자에게 아름다움은 생존의 수단이다 ················ 67
3. 여자는 자기 아이에게 관심을 보여주는 사람을 좋아한다 ······ 71
4. 여자는 유아적 체험에 약하다 ···························· 74
5. 여자는 자식과 남편에게 약하다 ························· 76

제5장 ‖ 여자와 언어 ··· 79
1. 여자는 '사랑'과 '행복'이라는 말에 약하다 ············ 80
2. 여자는 외국어를 좋아한다 ································ 83
3. 여자는 '결혼'이라는 말에 약하다 ······················· 85
4. 여자는 2음 반복 4음절을 좋아한다 ···················· 89
5. 여자는 '미래형'보다 '현재형'에 약하다 ················ 91
6. 여자는 '너'에 약하다 ······································· 93

제6장 ‖ 여자와 쇼핑 ··· 95
1. 여자는 한정판매에 약하다 ································ 96
2. 여자는 공짜와 덤에 약하다 ······························ 99
3. 여자는 '싸구려'보다 '이익이다'라는 말에 약하다 ········ 101
4. 여자는 구체적인 목표가 있어야 적극적으로 행동에 나선다 ·· 104
5. 여자에게 값싸고 편리하다고 해서 잘 팔리는 것은 아니다 ··· 107
6. 여자는 특징보다 이로운 점에 약하다 ················· 110

제7장 ‖ 여자와 나르시시즘 ············· 115
　1. 여자는 자기도취를 즐긴다 ············· 116
　2. 여자는 자기 과시욕이 강하다 ············· 119
　3. 여자는 사진 찍히기를 좋아한다 ············· 121

제8장 ‖ 여자의 5가지 욕망 ············· 125
　1. 여자는 신데렐라 꿈을 갈망한다 ············· 126
　2. 여자는 남자에게 나의 기분을 이해 받기 원한다 ············· 131
　3. 여자는 생일과 결혼기념일에 약하다 ············· 134
　4. 여자는 '당신에게만', '당신이기 때문에'라는 말에 약하다 ······· 137
　5. 여자는 남자에게 안정감을 요구한다 ············· 140
　6. 여자는 개성적이라는 말에 약하다 ············· 143
　7. 여자는 무리 짓기를 좋아한다 ············· 146

제9장 ‖ 여자의 3가지 보물 ············· 149
　1. 여자는 눈(雪·白色)을 좋아한다 ············· 150
　2. 여자는 꽃을 좋아한다 ············· 153
　3. 여자는 달을 좋아한다 ············· 156

제10장 ‖ 여자와 강한 반복 ············· 159
　1. 여자는 칭찬(아부)에 약하다 ············· 160
　2. 여자는 암시(반복)에 약하다 ············· 165
　3. 여자는 TV 광고에 약하다 ············· 168

제11장 ▮ 여자와 신체 ········ 171
1. 여자는 '늙는다'는 표현을 아주 싫어한다 ········ 172
2. 여자는 춤에 약하다 ········ 175
3. 여자의 헤어는 제2의 얼굴이다 ········ 177
4. 여자는 샤워에 약하다 ········ 179
5. 여자의 왼쪽은 애인 포지션이다 ········ 181
6. 여자는 짜릿한 스피드에 흥분한다 ········ 183

제12장 ▮ 여자의 논리성 ········ 185
1. 여자는 숫자에 약하다 ········ 186
2. 여자는 간단하다는 말(메커니즘)에 약하다 ········ 189
3. 여자는 구체적이고 객관적인 것을 좋아한다 ········ 191
4. 여자는 수다(논리)를 즐긴다 ········ 193
5. 여자는 꿈에 약하다 ········ 196
6. 여자는 점(占)에 약하다 ········ 198

제13장 ▮ 여자의 일반적인 특성 ········ 201
1. 여자는 질투심이 강하다 ········ 202
2. 여자는 유행에 약하다 ········ 205
3. 여자는 인간의 네 번째 본능, 호기심에 강하다 ········ 208
4. 여자의 변신은 무죄다 ········ 210
5. 여자의 지배욕 대상은 아이와 남편이다 ········ 213
6. 여자는 협박과 겁에 약하다 ········ 216
7. 여자는 지적이고 싶어 한다 ········ 219
8. 여자는 권위에 약하다 ········ 222

9. 여자는 동정심에 약하다 ·················· 225
  10. 여자의 계절은 2주 빠르다 ················ 228
  11. 여자는 비극(눈물)에 약하다 ·············· 230
  12. 여자는 자존심(허영심)에 약하다 ·········· 232

제14장‖ 의외로 재미있는 여자 심리 ················ 234
  1. 여자의 상품은 여자가 기획하고 설계하면 성공하기 쉽다 ····· 236
  2. 소녀는 빨리 여인이 되고 싶어 한다 ·············· 239
  3. 여자는 바다와 석양에 약하다 ··················· 242
  4. 여자는 비 오는 날에 약하다 ···················· 245
  5. 여자는 타인의 눈을 의식하지 않는 대담함도 있다 ········· 247
  6. 여자는 스트라이프 넥타이에 약하다 ················ 249
  7. 여자는 어머니(모성)에 약하다 ··················· 251
  8. 여자에게는 남성성(性) 애니머스가 있다 ············· 253

참고 문헌 / 258

제1장 ‖ 여자와 곡선

1. 여자는 곡선을 좋아한다

여자는 곡선을 좋아한다.* 왜 그럴까? 여자의 신체 구조와 형태가 통통하고 포동포동한 곡선을 이루고 있기 때문이다.

봉긋한 젖가슴과 엉덩이, 배도 허리도 어깨도 풍만하다. 이런 신체 구조 때문에 여자는 곡선을 본능적으로 좋아한다.

그러면 왜 여자는 뾰족하고 모나고 각진 것을 싫어하는 것일까? 각진 것이나 돌출된 모양의 것은 신체에 상처 받기가 쉽기 때문이다.

이래서 회사 캐릭터나 심벌마크를 제작할 때도 이점을 반드시 기억해야 한다. 이 곡선을 잘 활용해서 심벌마크를 제작한 것이 일본 제일의 화장품회사 시세이도이다.

- 적색과 곡선(음: 감성적)의 일본 시세이도 심벌마크와 청색과 직선(양: 이지적)의 우리나라 JB 금융지주 심벌마크, 서로 대비된다.

---

* 와타리 노리히코 저, 박문숙 역, 여자는 이럴 때 지갑을 연다, 독자와 함께, 1993.

100여 년 전에 창업자가 제작한 시세이도 '동백꽃' 심벌마크에는 단 하나의 직선도 사용하지 않았다. 전체가 곡선 디자인이다.

반대로 우리나라 JB 금융지주 심벌마크를 보면 뾰족한 화살표와 사각 형태다. 화살표로 약진하고 성장한다는 정체성을 잘 표현하였다.

즉, 따뜻한 색과 곡선의 시세이도와 차가운 청색 직선의 JB 금융지주인 것이다. 여자는 어느 쪽에 호감을 갖게 될까?

여자를 상대로 사업을 시작한 시세이도는 일찌감치 여자 심리를 알고 잘 활용한 듯하다. 이와 같이 여자는 뾰족하고 날카로운 것은 받아들이지 않고 부드러운 곡선을 선호한다.

과도를 건네줄 때도 날카로운 부분으로 건네주면 여자는 섬뜩해 한다. 손잡이 부분이 앞으로 향하게 건네야 안심한다. 여자와 데이트할 때도 우아한 곡선으로 된 건물과 원형 테이블이 있는 공간이라면 더더욱 좋다.

• 지방시 향수 광고: 여자 신체 곡선의 아름다움을 잘 드러낸 모델과 여성 신체의 곡선미를 향수병 디자인에 도입하였다. 여자들에게 아름다운 꿈을 갖게 한다.

2. 여자는 원형 디자인에 약하다

여자에게는 모성 본능을 자극하는 여성 호르몬인 '프로게스테론'이 분비된다. 그래서 아기를 연상시키는 비슷한 자극들 예를 들어 짧고 통통한 팔다리, 토실토실하고 둥그스름한 몸통, 커다란 머리, 곰 인형처럼 큰 눈을 보기만 해도 모성본능이 나타난다.

여자들이 좋아하는 레스토랑이나 호텔 등은 거의가 외관이 곡선 형태라는 것을 주목해야 한다. 딱딱하지 않고 부드러운 곡선 형태 건물을 선호한다.

상품 내용을 보다 원활하게 전달하기 위해, 상품 메리트나 메시지를 소비자에게 기억시키기 위해 광고 디자이너는 고민한다.

특히 여성 제품 디자인은 원형으로 제작하면 주목률이 높다.

〈표〉 형태별 인지 속도

●	▲	L	■
4.5	7.6	12.3	14.5
✚	H	★	⬟
15.2	18.3	18.9	34.1

물론 남자에게도 효과적이다. 그렇다고 상품 메리트나 메시지에 관계 없이 마구잡이로 쓰라는 것은 아니다.

그 이유는 우선 앞 장에서 말했듯이 여자는 둥근 곡선 즉, 원형을 선호하기 때문이다. 두 번째는 삼각형, 사각형, 오각형, 별형 등에 비해 형태 별 인지 속도가 가장 짧기 때문이다. (표 참조)

특히 원형은 그 자체가 강력한 주목률을 갖고 있다. 그리고 신문, 잡지, 서적 판형은 4각형이기에 주목률은 더욱 강화된다.

또 미국의 한 카드 회사에서 잘 팔리는 카드의 원인을 다음과 같이 분석하였다. 첫 번째는 고독감을 표현한 그림 다음으로는 심리학자 프로이드 분석에 의한 섹스적인 심벌 즉, 양초와 달, 계란형, 원형 등이 그려진 것이었다.

그 후 이 카드 회사는 디자이너들에게 보다 인기 있는 카드를 그리게 해서 무의식적으로 선호하는 원형 심벌이 들어간 카드를 제작하도록 하였다.

- De Beers 다이아몬드 반지 광고: '여자는 동그란 반지 때문에 결혼 한다'는 말이 있을 정도로 원형을 좋아한다. 원만하고 둥글게, 둥글게 행동하고 사고하는 것이 여자의 본성이다.

- 니베아 안티 에이징 크림 광고: 원형의 화장품 용기에 세로 두 줄. 세로 두 줄은 일시정지 픽토그램으로서 피부노화를 멈추게 한다는 메시지이다. 메인 비주얼이 중심에 위치한 원형이라서 임팩트가 강하다.

- 니베아 크림 광고: 원형의 크림용기와 뚜껑을 좌우로 배치시켜 주목률을 높인 비주얼이다. 수분이 부족한 피부에 보습력이 뛰어난 이 제품을 바르면 촉촉한 피부를 유지할 수 있다는 메시지이다.

3. 여자는 '8'과 '9'에 약하다

　냉장고와 TV 등 가전제품, 백화점 세일, 의류와 구두, 침구류 등의 가격표를 자세히 살펴보자. 상당수가 10만 혹은 30만에서 불과 1천~2천 원이 빠진 9만 8천 원, 29만 9천 원으로 되어 있다. 1천~2천 원이 없어서 물건을 사지 못하는 것이 아니지만 그 효과는 대단히 크다.
　이 상술은 마케팅에서 '우먼 프라이스(Woman Price)', '오즈 프라이스(Odds Price)', 우리나라는 '단수 가격(端數 價格)' 혹은 '우수리 가격'이라고 한다.
　물론 첫 번째 목적은 소비자들에게 상품 가격이 좀 더 싸게 느껴지도록 하는 것이다. 상품을 조금이라도 싸게 사고 싶은 소비자 심리에 착안하여 싸게 샀다는 안도감을 주는 숫자이기 때문이다.
　2만9천9백 원과 3만 원 차이는 1백 원에 불과하지만 소비자는 이 가격을 받아들일 때 전자는 2만 원으로 시작되지만 후자는 3만 원으로 시작되기 때문에 심리적 가격은 1만 원 차이로 느껴진다.
　또한 소비자들은 어떤 상품을 구입하기에 앞서 갖고 있는 '얼마짜리 이하 제품을 사겠다'는 이른바 '가격 저항선'이 주로 몇 만원, 몇 십 만 원 같은 큰 단위로 결정된다. 그래서 단수 가격은 저항선을 돌파하는 데 큰 도움이 된다.
　두 번째, 앞 장에서도 말했듯이 여자는 곡선을 좋아하기 때문이다. 아라비아 숫자 0에서 9까지 가장 많은 곡선을 이루고 있는 숫자는 8

이다. 그래서 8을 좋아한다. 이 두 가지 사례와는 반대로 어떤 상품은 10만1천5백 원, 50만9천2백 원과 같은 가격 전략도 있다.

대충 이익을 붙여 손쉽게 정한 가격이 아니라 면밀하게 원가, 이윤 등을 계산해 책정한, 믿을 수 있는 가격이라는 인상을 주기 때문이다.

- Westwood 세일 광고: 9라는 숫자는 1원이라도 싸게 사고 싶다는 욕구를 만족시켜 준다. 또 8은 아라비아 숫자 중에서 가장 곡선 형태를 띠기 때문에 더더욱 친근해진다.

- 미스터 피자 광고: 가격에 9자가 두 개나 들어 있기에 싸다는 느낌이 더더욱 강하게 든다. 생활에 꼭 필요한 물건을 살 때는 '₩100'처럼 딱 떨어지는 가격표보다는 '₩98'처럼 큰 차이는 나지 않지만 보다 세부적인 가격표가 지갑을 여는데 효율적이다.

제2장 ‖ 여자와 3M

1. 여자는 음악에 약하다(Music)

여자는 3M에 약하다. 즉, '음악(Music)' 즉, 분위기와 '돈(Money)' 그리고 '남자(Man)'에 약하다고 한다.

음악은 화려한 광고의 멋진 포장지라고도 한다. 좋아하는 뮤지션 음악만으로도 깊은 감동을 느낀다. 음악은 우리에게 사랑을 가져다주는 '분위기 좋은 음식'이라는 말이 있다.

여자는 영화관보다 음악회에 데리고 가면 훨씬 친밀감을 느낀다. 그러면 남자는 어떨까? 남자도 역시 음악이나 분위기에 반응을 나타낸다. 그렇지만 여자와 비교하면 역시 한 수 아래다.

이것은 청각만이 유난히 발달되어 있다는 얘기가 아니다. 오감이 모두 발달되어 있으며, 제육감까지도 작용시키는 것이 여자이다.

영화나 드라마에서 남녀의 키스장면을 떠올려 보자. 여자는 열이면 열 모두 눈을 감는다. 그 이유는 무엇일까? 성 감정(性 感情)을 남자는 시각으로 얻고, 여자는 귀(청각)로 얻기 때문이다.

음악도 모든 음악이 아니라 무드 있는 음악에 지배 받는다는 사실이다. 그러니까 무드를 체험할 수 있는 안정감을 주는 음악에 지배를 당한다고 할 수 있다. 특히 연령이 낮을수록 그 경향은 강하다.

TV-CF를 보자. 단순한 영상에서도 그 배경 음악에 따라 긴박감, 흥분 또는 환희, 사랑 등 모든 상황 설정을 완벽하게 연출할 수 있다.

여자의 기분을 잘 헤아리는 세심한 남자. 그러나 가끔은 조용한 음악이 따뜻한 말과 터치, 커피보다 그녀에게 사랑의 확신을 심어 줄 수가 있다.

● 오란씨 광고: 상품이 출시된 1970년대부터 오늘날까지 많은 사람들로부터 기억되고 사랑받는 오란씨 CM송, "하늘에서 별을 따다 하늘에서 달을 따다 두 손에 담아 드려요" 배경 음악이 광고 집중도를 높이는 효과는 크지 않지만, 로고송 효과는 높은 것으로 조사 결과 나타났다.

백화점에서 소비자 구매 행동은 음악 분위기와 빠르기, 악기 종류, 소리 크기에 따라 크게 달라진다. 이 때문에 시간대, 날씨, 고객의 많고 적음을 고려하여 세심하게 곡을 선택한다.

너무 빠른 음악을 틀면 고객이 매장을 도는 속도는 빨라지지만 물건을 사지 않고 매장을 그냥 지나치는 횟수가 많아진다. 반대로 너무 느리면 매장에서는 오래 머물지만 음악에 취해 구매 의욕이 떨어진다.

이 때문에 고객이 많이 몰리는 세일 기간에는 매우 빠른 음악을 평소에는 적당한 빠르기 음악을 들려준다. 소리 크기도 고객의 귀에 들릴 듯 말 듯 하게 조절해야 가장 효과가 크다.

악기 선택도 중요해서 바이올린 곡은 매장에서는 절대 금물이다. 피아노와 달리 바이올린은 감정 기복이 심하고 인간 내면의 고뇌를 건드리는 경우가 많기 때문이다.

• 스내플 아이스티 병 디자인 : 병뚜껑을 열 때 나는 '딱' 소리가 신선함을 상징한다. 병뚜껑이 전에 열린 적이 없고 이물질이 들어가지 않았다는 사실을 확인시키며 소비자를 소리로 안심시킨다.

♣ 카피와 명언

- 음악으로 향기롭게 채우는 삶. (워너뮤직 광고)
- 아름다운 아~가씨 어찌 그리 예쁜가요
  아름다운 아~가씨
  그 향기는 뭔~가요 아~아~ 아카시아 껌. (아카시아 껌 CM송)
- 갤러리아 백화점의 음악 콘셉트
  -오전: 활발하고 경쾌한 무드음악
  -오후: 리듬이 빠르고 신나는 음악
  -저녁: 차분하고 분위기 있는 음악
  -매출이 적을 때: 매장 분위기를 살리기 위해 볼륨을 올림
  -흐리거나 비오는 날: 볼륨을 낮춰 상황별 맞춤형 감성 마케팅

2. 여자는 무드를 갈망한다(Mood)

남자는 '누드'에 약하고 여자는 '무드'에 약하다는 말이 있다. 어스름한 무드램프도 여자 때문에 생겨난 것이다. 여자들은 일반적으로 무드에 도취되기 쉬운 성향을 지녔다. 그 이유는 왜 일까?* 우선, 남자보다 여자가 훨씬 섬세하기 때문이다.

외부로부터의 자극 즉, 언어나 표정, 몸짓, 소리, 칼라 등에 대한 감수성이 매우 높다. 따라서 자극을 섬세하게 받아들여 미묘한 온갖 굴절과 음영을 지니고 반응을 나타낸다.

연못에 돌을 던졌을 때, 퐁당 소리를 내며 물속에 가라앉아 버리고 마는 것이 남자라면 돌이 수면에 닿는 순간 파문이 한 없이 넓게 퍼져나가는 것이 여자의 마음이다.

두 번째로 여자들의 판단 방식이 논리적이라기보다 감각적, 정서적이기 때문이다. 여자는 이치나 도리로 해석하기 보다는 느낌으로 받아들이고 첫 인상으로 이해하려는 경향을 지니고 있다.

바로 이 점을 오스트리아 심리학자, 슈워츠(Schwartz)는 '남자는 두뇌라는 하나의 점을 중심으로 회전하는 원이지만 여자는 두뇌 외에 자궁이라는 중심점을 지닌 타원인 것이다'라고 말했다.

세 번째로 남자들은 누드 사진, 스트립 쇼, 음담패설 혹은 지나가는 예쁜 여자를 보고서도 성적 충동을 느낄 수 있다. 그러나 여자들은 일

---

* 시라이시 고오이찌 저, 박달규 역, 재미있고 즐거운 심리학, 한국산업훈련연구소, 1993.

반적으로 그런 것만으로는 흥분하지 않는다.

여자는 대체로 수동적이다. 그러나 신(神)은 그 결함을 보완 시키려 했는지 여자를 감각적으로, 다원적으로 창조하여 육감을 발달시켰다.

예를 들면 성감대 분포에 있어서 남자는 집중적이지만, 여자는 분산적이다. 성기 이외의 신체에서 넓은 부분에 성 쾌감을 느낄 수 있다.

눈에 비쳐지는 것, 귀에 들리는 것, 피부에 접촉 되는 것 모든 것이 융합되어 혼연한 분위기가 조성되면 도취된 기분에 사로잡힌다.

● 힐튼호텔 사이트 이미지: 어스름한 초저녁 야경, 최상층 탁 트인 전망과 따뜻하고 부드러운 느낌의 조명. 무엇보다도 여자가 환호성 지르도록 하는 조건은 바다(강)가 내려다보인다는 사실이다. 이런 로맨틱한 광고를 보면 여자는 벌써 이곳에 있는 자신을 상상한다.

네 번째로 여자들이 무드에 약한 근본 원인은 생리보다도 심리에 있다. 여자들은 연애를 하면 그 연애를 보다 더 아름답게 꾸미려고 한다. 가능하면 자신이 소설이나 드라마 주인공이 되었으면 하는 강한 욕구가 작용한다.

이와 같은 심리 때문에 사랑 고백도 형광등보다 백열등이나 촛불 아래서 하는 것을 좋아하고, 감미로운 음악이 흐르면 더욱 좋다. 똑같은 음식이라도 지하 레스토랑보다는 높은 곳의 레스토랑에서 먹기를 좋아하고, 붉은 카펫이 깔린 극장이나 홀의 귀빈석을 좋아한다. 무드가 있기 때문이다. 여자는 주위가 보이지 않으면 불안하기 때문에 낮은 곳을 좋아하지 않는다.

지하에 있는 것보다 바깥 경치를 내려다 볼 수 있는 최상층에 있는 것을 더 좋아하는 것은 무드 속성 때문이다. '무슨 남자가 무드 없게…'라는 불평을 여자들은 곧잘 한다. 무드 있는 광고가 그렇지 않은 광고보다 여자에게 훨씬 효과적이다. 미묘한 감정 차이가 승부를 결정한다.

- 동서식품 TOP 광고: 청춘 남녀가 한껏 무드로 진하게 빠져 든다. 여자는 이 분위기를 흠뻑 느끼려 두 눈을 살포시 감는다. 광고 전체 칼라 톤도 무드 분위기와 어울리는 커피 칼라다.

♣ 카피와 명언

- 키스할 땐 눈을 감으세요. (아모레 글로리)
- 어두워질수록 더욱 아름답게 빛나는 곳, 싱가포르. (싱가포르 관광청)
- 고백할 때는 다리 위에서 하라! 높은 곳에서는 공포와 불안감이 생긴다. 그 감정은 설레는 마음과 비슷하다. (도서, '세상의 모든 심리학'에서)

3. 여자는 돈과 선물에 약하다(Money)

여자는 선물에 약하다. 선물을 받고 싫어할 여자는 아무도 없으며 나이에 상관없이 선물에 약하다. 사랑에 빠진 사람들의 특징은 선물로 표현된다. 사랑이 시작될 때 상대방에게 뭔가를 자꾸 주고 싶어 한다.

콧대 세고 자존심 강한 여자라도 고가의 선물과 돈 앞에서는 쉽게 무너진다.

유명 여자 연예인들의 인터뷰에서 원하는 남성상을 물으면 한 결 같이 인간성이 어떻고, 지성을 운운 하지만 결국 돈 많은 재벌이나, 사업가 등과 결혼하지 않는가?

미국이나 유럽의 유명인들도 유명 여배우에게 구혼 할 때도 수십 캐럿 하는 다이아몬드 혹은 대저택을 선물했다느니 하는 연예 기사도 쉽게 접한다.

그렇다고 모든 여자들이 크고 값비싼 선물만 좋아한다는 것은 아니다. 자신에게 지속적인 관심과 정성을 보여주는 작은 선물에 여자들은 더 좋아하고 감동받는다.

TV 광고에서 선물 장면을 보여줄 때는 큰 선물보다 작은 선물을 고르는 장면이 좋다. 왜냐하면 선물을 고를 때, 두 사람이 거의 붙어 숨소리까지 느낄 정도로 가까워지면 마음까지도 가까워질 수 있기 때문이다.

선물이라는 하드웨어도 중요하지만 함께 고르는 기분 즉, 소프트웨어가 더 중요하기 때문이다. 또 여자가 기대하지 않았는데 선물을 하면 효과가 크다. 전혀 예상치 못한 깜짝 선물은 짜릿함을 느끼기 때문에 위대한 힘을 발휘한다.

- 에르메스 광고: 말이 마차에 선물 박스를 잔뜩 싣고 어딘가로 가고 있다. 얼마나 많이 실었는지 바닥에 떨어질 정도다. 이 많은 선물을 받는 여자는 얼마나 행복하겠는가? 여자에게 꿈과 환상을 심어 주는 비주얼이다. 여기에서 말은 남성의 상징 대상이다.

- SK텔레콤 100년의 편지 결혼 편 광고: 카피, "오늘 무슨 날인지 알지? 아, 궁금하다. 열 번째 결혼기념일에 남편에게 무슨 선물을 받게 될까? 시시한 거면 죽어~"

제2장 여자와 3M 27

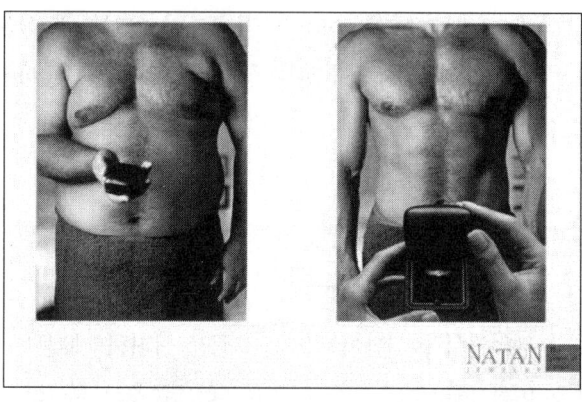

• 나탄 다이아몬드 반지 광고: 볼품없는 저질 몸매의 남자가
여자에게 다이아몬드 반지를 선물하면 이렇게 멋진 근육질 몸매의
남자로 보인다.

♣ 카피와 명언

- 여자는 준 것을 잊지 못한다. 받지 못한 것도 잊지 못한다. (일본 세이부)
- 받은 것은 산 것보다 조금 더 맛있다. (일본 세이부)
- 아내는 작은 것으로 큰 것을 말합니다. (동서식품)
- 여자는 하루에도 열두 번 마음을 저울질한다. 가장 받고 싶은 선물 롯데백화점 상품권. (롯데백화점)
- 여자는 감성이 깃든 선물이 아니면 아무리 좋은 물건을 받아도 전혀 기쁘지 않다. 여자가 원하는 선물은 감성과 사랑이 묻어나는 선물이다. (도서, '김미경의 성공과 실패에서 배우는 여성마케팅'에서)
- 만일 남편이 아내에게 선물을 하지 않으면 그녀는 불쾌해 한다. 만일 남편이 아내에게 너무 많은 선물을 하면 그녀는 화를 낸다. (프리츠 에크하르트)
- 선물은 중고와 같다. 즉, 그로인해 가장 큰 기쁨을 느끼는 사람은 바로 선물을 주는 사람이니까. (에밀 앙리오)

4. 여자는 남자의 시선에 약하다(Man)

여자는 남자에 약하다. 특히 남자의 시선에 약하다. 물론 남편일 수도 있고 연인일 수도 있다. 또는 매일 일상적으로 만나는 그 어떤 남자일 수도 있다. 그래서 여자는 남자의 강렬한 시선에 무너진다.

여자는 주위의 남자들로부터 시선을 집중적으로 받고 있다면 그것은 자신에게 연애감정을 품고 있다는 것을 본능적으로 알고 있다는 말이다.

- 비너스 쉘핏 광고: 헤드라인 "시선을 뺏느냐 or 뺏기느냐"
여기에서 그 시선은 여자일 수도 있지만 남자들의 시선이 우선이다.
남자가 생각하는 여자 얼굴은 가슴까지이기 시선을 뺏을 수 있다.

연애 감정이 아닌 성적으로 관심을 갖게 되면 시선은 눈과 얼굴에서 다른 신체 부위로 옮겨 간다고 한다. 물론 남성도 마찬가지다.

패션쇼에서나 볼 수 있는 독특하고 기발한 옷차림으로 거리를 활보하는 여자가 있다. 이런 여자는 '자기 현시욕'이 발휘된 전형이다. 이 여자는 길가는 사람들이 어처구니 없어해 하는데도 모두가 자신의 옷차림을 보고 부러워하며 감탄하고 있다는 착각을 한다.

대체로 여자는 타인의 눈에 비치는 모습에 따라 자신을 평가하려는 성향을 지니고 있다.

즉, 타인 지향적 경향을 갖고 있기 때문에 자신을 의식하지 못하는 일이 흔히 발생한다. 그 배경에는 자신에 대한 자신감 부족이 그 원인이다. 패션 광고에서는 특히 여자의 '자기 현시욕'을 전략적으로 활용해야 할 필요가 있다.

● 케라시스 샴푸 광고: 남자의 로망, 긴 머리 소녀.
노래 제목도 있지 않은가. 뒤에는 한 남자가 지켜보고 있다.
여자는 남자의 시선을 의식하며 이를 충분히 즐기고 있다.

- 해외 언더웨어 광고: 강아지와 붕어의 얼굴에 홍조를 띠고 있다. 도대체 뭘 봤는데 부끄러워할까? 언더웨어도 남의 시선 즉, 강아지와 붕어마저도 의식하고 입는다는 것을 코믹하게 표현하였다.

- 원더브라 광고: 레스토랑 손님들 시선이 한 곳으로 모아졌다. 원더브라를 착용한 섹시한 여성이 레스토랑으로 들어오기 때문이다..

♣ 카피와 명언

- 누군가, 한 사람은 당신을 바라보고 있다. (VIVRE 광고)
- 누군가, 당신의 걸음걸이를 보고 당신을 평가하고 있습니다. (에스콰이어)
- 여자는 예쁜 옷으로 치장 하면 슬픔이 사라진다. (프랑스 속담)
- 타인의 시선을 잡는 사람이 타인의 마음을 잡는다. (도서, '글래머의 힘'에서)

제3장 ‖ 여자와 5감

1. 여자는 향기에 예리한 반응을 보인다(후각)

남자에 비해 육체적 열세을 갖고 태어난 여자에게 자연은 남자보다 뛰어난 능력을 부여해 주었다. 바로 5감(시각·청각·미각·후각·촉각)이다. 거기에 육감까지도 함께 주었다.

즉, 여자는 보고, 듣고, 맛보고, 맡아보고, 만져보고 동시에 이를 모두 느끼면서 상품이나 서비스를 구매한다. 오감을 체험하게 하면 사랑하게 되므로 오감, 나아가서 육감마케팅이 중요해 진다.

향기와 냄새는 뇌를 자극해 사람을 감성적으로 만든다. 선진국에서는 이미 향기를 뿌려 판매 촉진을 꾀하는 '아로마 마케팅'이 유망업종으로 자리 잡았다.

- 샤넬5 향수 광고: '향기가 없는 여자에겐 미래가 없다' 이 말은 그 유명한 코코 샤넬이 남긴 말이다. 전 세계 여자들로부터 가장 인기 있는 할리우드 섹시스타 브레드 피트를 향수 광고 모델로 등장시켰다. 나도 저런 멋진 남자로부터 사랑받고 싶다는 욕구를 갖고 이 향수를 구입한다.

• 랑콤 향수 광고: 향수는 다분히 남성을 유혹하기 위한 도구이다. 남성호르몬 테스토스테론을 활성화시켜 주는 향수로 남자 사로잡기에 열중하는 여자. 그 향기를 사랑하는 남자에게 기억시키고자 하는 심리욕구가 잠재되어 있다.

매장에 들어서자마자 나는 냄새는 소비자가 지갑을 열 것인지 말 것인지를 결정하는 중요한 요소다.

미국 뉴욕대 등 4개 대학 공동연구에 따르면 계피(시나몬) 향이 은은하게 나는 가게에 들어서면 구매욕이 자극되어 상품을 살 확률이 높아지는 것으로 나타났다.

고급 백화점은 은은한 향수 냄새를 뿌려 소비자들로 하여금 고가품을 쇼핑하고 싶다는 욕구를 이끌어낸다. 제화점에서는 카펫에 의도적으로 가죽 냄새를 진하게 뿌려놓는다. 진열된 구두가 모두 좋은 가죽이라는 인식을 갖게 한다.

제과점에서는 방금 구워낸 빵의 고소한 향기를 입구에 풍겨 다른 메뉴들까지 맛있다는 느낌을 주는 '연상 효과'로 매출을 올린다.

슈퍼마켓은 입구에 싱싱한 과일, 야채, 꽃 등을 집중 배치, 매장 내 모든 물건이 싱싱하고 신선하다는 시각과 후각 이미지를 통한 공감각적 마케팅 전법을 구사한다.

수많은 상품을 진열해 소비자들에게 선택을 하라고 하면 소비자는 자신이 왕이라는 만족감을 맛보게 되어 구매 의사가 높아지고 추가 구매 유혹에 빠진다.

♣ 카피와 명언
- 낯선 여자에게서 그의 향기를 느낀다. (오버 클래스 아이디 향수)
- 향수, 수많은 언어가 말하는 하나의 느낌. (독일 4711 향수)
- 키스 받고 싶은 곳에 뿌리세요. (ICI 향수)
- 세상은 그녀를 향기로 기억한다. (이넬화장품)
- 커피향이 느껴지는 원목가구. (마론핸즈)
- 향기가 없는 여자에게는 미래가 없다. (코코 샤넬)
- 향수를 뿌리지 않고 우아해 지기는 힘들다. (코코 샤넬)
- 여자에게 체취와 숨결은 남자와 관계를 계속 할 것인가 말 것인가를 결정하는 중요한 요소이다. 체취는 향수 등으로 숨길 수 있으나 토해내는 숨결은 막을 수 없다. (프란체스코 알베로니)

2. 여자는 먹는 것을 좋아한다(미각)

여자가 먹는 것을 좋아하는 것은 생리적으로 보면 모성 때문일 수가 있다.* 즉, 언젠가는 임신하게 될 여자의 습성이 끊임없이 입 속에 음식물을 집어넣으려는 본능을 지니게 한 것이다.

그러나 정확한 원인은 생리적인 것보다도 심리적인 것에 원인이 있는 듯하다.

우선, 조리는 여자의 역할이라는 관습 때문에 음식 맛이나, 색깔, 향기 등에 대한 감각과 관심이 남자보다 훨씬 예민하다. 남자는 맛있는 음식을 물리적으로 먹는데 치중하지만 여자는 자기가 요리한 음식을 접시에 올려놓고 눈으로 즐기는 심리가 있다.

두 번째, 여자는 억압 심리가 강하기 때문이다. 스트레스를 받으면 남자는 술을 마시거나, 게임이나 운동을 하거나 해서 여러 가지 방법으로 해소한다.

그러나 여자들은 그렇지가 못하다. 여러 이유로 답답하고 갑갑해진다. 그래서 해방감의 하나로서 '먹는 즐거움'이 무의식적으로 발달하였다. 그리고 여자들은 먹어보지 않으면 그 맛을 믿지 않는다.

백화점, 슈퍼마켓에 가면 시식대를 만들어 놓고 판촉 사원이 시식을 권유하고, 상품 설명과 곁들여 먹여 주는 장면을 쉽게 볼 수 있다.

이것은 여자 입에 호소하는 작전으로, 살까 말까 하는 판단을 머리로

---

* 시라이시 고오이찌 저, 박달규 역, 재미있고 즐거운 심리학, 한국산업훈련연구소, 1993.

하는 게 아니라 입이 원하는 쪽으로 따르도록 하는 방법이다.

그냥 지나치려는 고객도 호기심과 판촉 사원의 설명과 먹고 있는 고객들을 보면 먹어 보게 마련이다. 특히 우리나라 사람들은 먹고 나서 외면하지 않고 그 상품을 구입하는 사례가 많다.

이것은 맛을 봄으로써 고객이 상품에 대한 만족을 느꼈기 때문에 구입하게 된 것이라고 여겨진다.

식품 경우에는 고객에게 먹여주는 것이 가장 확실한 판매 촉진 방법이다. 먹는 것을 좋아하는 여자 심리를 이용할 때는 이점을 주목해야 한다.

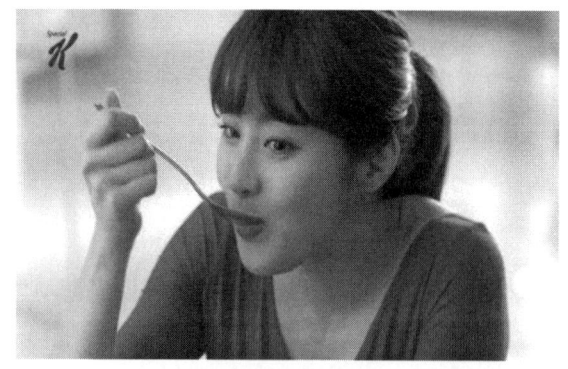

● 켈로그 스페셜 케이 CF: 여자는 음식을 맘껏 먹고 싶지만 살찌는 것에 대한 두려움 때문에 고민이 많다. 대신 많이 먹어도 살찔 걱정이 없는 다이어트 시리얼을 맛있게 먹음으로써 그 욕구를 충족시킨다.

특히 음식 기호가 일치하면 최고로 효과적이다. 또 여자는 사랑하는 가족에게 자신이 직접 요리한 음식을 먹이고 싶어 한다. 자신이 요리한 음식을 온 가족이 맛있게 먹어주고 칭찬 받게 되면 더 없이 큰 행복을 느끼는 것이다.

- 굽네치킨CF: 사랑하는 가족을 위해서 정성껏 요리를 해주는 주부. 온 가족이 환호하며 맛있게 먹는 장면을 보면 큰 행복감에 젖는다. 식품광고는 여럿이 함께하는 장면이 효과적이다.

♣ 카피와 명언

- 오후 3시, 출출함으로부터의 자유! (해태 자유시간)
- 여자가 반짝 반짝. 몸과 마음을 깨우는 홍초 바이탈 플러스. (청정원)
- 마음을 요리하면 사랑이 됩니다. (백설표식용유)
- 마음에 드는 이성이라면 같은 음식을 주문하라! 같은 것을 먹으면 공감대가 생긴다. 취향이 달라도 미각을 비슷하게 느껴라! (도서, '세상의 모든 심리학'에서)

3. 여자는 색채에 약하다(시각)

　여자는 색채에 약하다. 특히 젊은 여자들은 색채에 민감하다. 남자와는 비교할 수 없을 만큼 색에 대한 감각이 풍부하다. 노래를 못하는 사람을 음치, 색 감각이 둔한 사람을 '색치'라고 한다. 노래를 못하면 애교로 봐줄 수 있지만 색 감각이 둔한 사람은 그 사람의 심미안까지 의심받는다.
　색약인 사람을 조사하면 남자 5명에 여자 1명의 비율을 보인다고 한다. 화장품 가게에 가보면 적색 립스틱만 해도 남자는 한두 가지만 알고 있지만 놀랍게도 수백 종류나 된다. 이것을 여자들은 쉽게 구분해 내고 자기에게 잘 맞는 립스틱을 골라내는데 보고 있으면 신기할 정도다.
　80년대부터 컬러 TV 등장과 함께 시작된 컬러 마케팅시대. 식음료를 비롯한 가구, 자동차, 가전 등 소비재 전 분야에 걸쳐 확산되었다. 컬러 TV와 함께 성장한 감각적인 신세대나 경제력을 갖춘 20·30대 여성층이 늘어났기 때문이다.
　이들은 색상에 민감하게 반응한다는 공통점을 지니고 있다. 이에 따라 관련업계는 색상으로 구매욕을 자극하는 판매기법인 '컬러 마케팅'에 주력한다.
　국내에선 뒤늦게 시작한 컬러 마케팅 전략이 실제 매출 증대에 엄청난 도움을 주게 되자, 관련업계가 이 전략에 사활을 건다. 목제 가구에 노랑, 파랑 등 원색을 사용하는가 하면 냉장고에 검정색을 쓰는 등 실제 적용 사례를 보면 대담하기 그지없다.

음료시장에서 색상을 활용한 '패션음료'라는 신조어가 등장했고 조미료와 농수산 상품, 장류 상품도 색상이 매출을 좌우하게 되었다.

조미료 상품에 푸른색, 붉은색, 노란색을 사용한 브랜드를 채택하기도 했다. 갈색과 황금색이 주류를 이루던 원두커피음료에도 청색을 채택하고 냉동식품에는 노란색을 과감하게 채용하였다.

인간이 대상을 바라볼 때 80%가 색상에 의해 인식된다. 특히 색채에 예민한 여자를 사로잡기 위해서는 상품 기획 단계부터 생산까지 색채 정보 조사와 색채 적용, 사후 관리 등 종합적인 컬러 마케팅에 주력해야 한다.

- LOREAL 광고: 광고 사진에 등장한 여섯 개의 빨간색 립스틱. 남자들 눈에는 모두 하나의 적색 계열 립스틱으로 보인다. 그렇지만 여자에게는 여섯 가지가 각기 다른 빨간색 립스틱이다. 남자들이 가장 성적 매력을 느끼는 칼라가 적색이라고 한다. 립스틱이 잘 팔리는 이유다.

칼라의 특징과 칼라 마케팅 성공 사례*

▶ 빨강

빨강은 강렬하게 호소하는 힘을 갖고 있으며, 호소력이 강한 면에서 '빨강=판매 색'이라고 극단적으로 말하기도 한다. 상품을 팔 때, 소비자 눈에 띄면서 사고 싶은 욕망을 일으키게 하는 일이 얼마나 중요하느냐 하는 것은 두말할 필요 없이 잘 아는 사실이다.

빨강을 사용하여 만든 포스터나 포장은 수없이 많다. 이 색만큼 화려하고 특징 있는 색은 없기 때문에 디자이너들이 즐겨 사용한다.

빨강은 난색(暖色)으로 따뜻한 느낌을 준다. 그러므로 빨강 느낌은 불빛이나 태양을 연상시킨다. 반대로 백색과 파랑은 한색(寒色)으로 차가운 느낌을 준다. 그리고 이 빨강은 여성만이 아니라 남성과 어린이들에게까지도 강렬한 인상을 준다. 특히 식품 관계 상품에는 안성맞춤인 색이다. 식료품 가게에 들어가 보면 잘 알 수 있겠지만, 빨강 포장이 너무나 많다는 것을 실감할 수 있다. 한 마디 덧붙인다면 빨강은 상품을 크게 보이도록 하는 힘이 있다.

● 다시다 사이트 홍보물: 식품 패키지 디자인은 식욕을 돋우는 적색이나 황색 계열의 칼라를 쓰는 것이 효과적임을 기억해야 한다. 적색은 최면효과를 자아내는 데 효과적이며 진열대에 수많은 경쟁제품과 함께 진열됐을 때, 주부 눈에 섬광이 비치듯 순간적으로 최면을 거는 효과가 있다.

---

* 와타리 노리히코 저, 박문숙 역, 여자는 이럴 때 지갑을 연다, 독자와 함께, 1993.

▶ **핑크**

핑크는 귀엽고 깜찍한 이미지를 주어 연약하고 사랑스러움을 느끼게 한다. 이러한 심리가 반영되어 유아와 소녀가 동경하는 색이 바로 핑크색이다. 인간의 일생을 색채 이미지로 나타낸 '색채 라이프 사이클'이 있다. 성장함에 따라 핑크 〉 노랑 〉 빨강 〉 오렌지 〉 갈색 〉 회색 〉 검정색 순으로 바뀌어간다.

이 첫 단계가 바로 핑크색이다. 그래서 유아용품과 학습용품에 핑크색이 많이 사용된다. 특히 월트디즈니사가 출시하는 만화 캐릭터 혹은 비디오 영화를 보면 잘 알 수 있다.

전체 분위기가 한결같이 핑크와 블루가 주조를 이룬다. 핑크와 블루는 '연애의 색채'라고 하며 미성숙, 자기애적, 비 생식적, 빙어적 의미를 지니고 있다.

• 월트 디즈니 포스터와 구찌 광고 : 유아와 소녀가 동경하는 칼라 핑크와 블루 일색의 디즈니 포스터. 소녀가 성인이 되면 성(Sex) 칼라는 핑크와 블루에서 '빨간색과 녹색'으로 바뀐다. 구찌광고에 등장한 말은 남성성(性) 상징이다.

▶ **노랑**

역시 식품에 많이 사용되며, 눈에 띄는 색이다. 이 색 자체만으로는 그다지 잘 띄는 색이 아니지만, 다른 색과의 배색에서는 굉장히 끌어당기는 힘을 가지고 있다. 예를 들면, 검정과의 배합에서 가장 강력하게 눈에 띄는 색이 노랑이다.

노랑도 따뜻한 이미지를 주며 맛있게 보이는 느낌을 준다. 빨강에 이어 식품 관련 상품에 가장 많이 이용되는 색이다. 바나나, 파인애플 등을 연상시키기 때문인지 과자류에 가장 많이 사용한다. 빨강과 함께 식품 색의 기초 색이라고까지 불린다.

● 오뚜기 백세카레 광고: 노랑색도 빨강색과 마찬가지로 식욕을 돋우는 색으로써 식품 패키지 디자인에서 가장 많이 쓰이는 칼라이다. 그래서 노랑색과 주목률 높은 빨강색을 적절하게 사용하면 효과적이다.

▶ **파랑**

파랑은 차가운 색이다. 나쁘게 말하면 쌀쌀한 느낌의 색이고, 좋게 말하면 시원하고 상쾌한 느낌의 색이다. 그러나 식품류에는 안 어울린다. 왜냐하면, 식욕을 일으켜 주지 못하는 색이기 때문이다.

음식 중에도 이런 종류 색은 거의 없다. 사과 색 빨강, 바나나의 노랑, 나뭇잎의 녹색은 있어도 파랑색 음식은 눈에 안 띈다. 그러나 청량

음료라면 상쾌하고 시원한 느낌이 절대적으로 필요하니까 파랑이야말로 딱 어울리는 색이다.

또 물방울 문양을 생각해 보자. 백색을 기초로 한 파랑을 물방울로 배색한 전혀 꾸밈없고 단순한 디자인이다. 이 파랑은 사용하기 어려운 색이며, 이미지에도 찬반양론으로 갈라진다. '청춘'이라든가 '청산'같은 희망적인 의미가 있는가 하면 '덜 익었다', '젖비린내 난다' 등의 좋지 않은 이미지도 갖고 있다.

약은 '시원하다', '후련하게 해 준다'라는 의미로써 백색과 파랑의 차가운 느낌을 함께 사용하는 것이 상식이다.

그렇지만 스태미너라든가 건강과 활력 등을 나타내야 할 때는 따뜻한 색깔이 사용된다.

● 빈폴 레이디스 광고: 여름철 여성들의 패션 스타일 중에서 영원한 주제이자, 베스트셀러인 청색계열 칼라와 물방울 패턴 디자인의 여성복.

상황에 따라 적절한 색을 사용하는 것이 최선이다. 열이 많은 환자가 이불 속에서 헉헉 거리고 있는데 빨강 약 상자를 보여준다면 환자는 더욱 더 열이 날 것이다. 또, 식욕과 관계되는 부분은 보다 색채에 신경을 써야 한다.

스낵 코너나 주방 등에도 파랑 색은 사용하지 않는 것이 좋다. 연인들이 마주 앉는 카페의 테이블보가 파랑이고, 벽 색깔 역시 모두 파랑이라면 두 사람의 얼굴도 푸르스름하게 보이기 때문에 한시라도 빨리 카페를 나가고 싶도록 만든다.

▶ **녹색**

지금은 녹색이 붐이다. 거리마다 '녹색을 찾자', '녹색 마을', '푸른 산으로…' 등 자연 보호 차원에서 인기 색이 되었다. 예전에는 그다지 주목받지 못한 색이었지만, 요즘에 와서 남녀노소 누구에게나 사랑받는 색이 되었다.

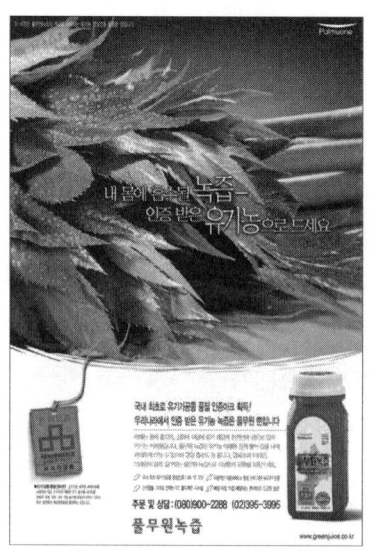

● 풀무원 녹즙 광고: 녹색은 환경과 건강이 중시되면서부터 각광받기 시작했다. 앞으로도 자연과 건강을 보다 중시하게 되면 중요한 칼라로 널리 쓰이게 된다.

식물 중에서도 나뭇잎이나 파슬리가 주재료는 아니지만 식품을 한결 돋보이게 한다. 즉, 배색에 따라 단연 돋보이는 색이다. 한여름에 먹는 하얀 냉 콩국수 위에 녹색 채소를 살짝 얹어보라. 최고의 배색이 된다.

녹색 역시 배합시키기 어려운 색 중의 하나이다. 잘 사용하면 아주 멋진 색이지만, 약간 검은 녹색이 되면 칙칙하고 촌스러운 느낌이 들며 경박스러운 느낌마저 준다.

▶ **자주색**

자주색은 기호에 따라 달라지기 때문에 말하기 어렵지만, 한마디로 여자의 색이다. 남성들에게는 그다지 호응을 얻지 못하는 색이다. 자주색처럼 나이와 관계 깊은 색도 없다. 대체로 25세부터 점점 나이 먹을 수록 이 색에 호의를 갖는 것 같다.

● 비비안 심벌마크: 여자가 좋아하는 영어 브랜드와
 달, 자주색을 결합하여 심벌마크를 제작하였다.

이 색을 기업 컬러(Corporate Color)로 정한 회사가 화장품 회사인 시세이도이다. 이 회사는 여성 심리를 잘 파악하고 있다. 연구한 결과인지 우연히 맞아 떨어졌는지 모르지만 어쨌든 효과는 만점이다. 이 색은 섹시한 매력을 연출시켜 준다. 예를 들어, 무대에서 온통 자주색으로 연출된 연극배우는 관객들에게 섹시한 이미지를 준다.

▶ **검정**

이 색은 강력한 힘을 발휘하는 색이며, 크게 보이는 색이다. 남성의 특징은 아무래도 '강함'이기 때문에 이 색을 선호한다. 그래서 남성 양복은 거의 '흑회색'이 되어 버렸다. 그러나 이 색은 식품 색으로는 금기이다. 왜냐하면 신선함이 전혀 없기 때문이다. 식품 관계에 검정을 써서 성공한 예는 드물지만 실패한 경우는 무수히 많다.

하지만 이 색은 최고급품일 경우에 그 위력을 발휘한다. 예를 들어, 최고급 위스키 포장을 디자인할 때는 이 색을 사용할 수밖에 없다.

'검정 상자에 금박 줄을 매단 포장'이 당연하게 여겨질 정도이다. 전문가 이미지가 요구되는 최고급 카메라 바디 칼라와 광고 배경도 한결같이 검정색이다.

● 샤넬 향수 광고: 광고 모델의 드레스와 후면 배경을 샤넬 브랜드 칼라 검정색으로 통일시켰고 향수는 골드칼라. 명품의 우아함과 기품이 느껴지는 칼라 조합이다.

▶ 백색

백색은 색이 아니라고도 하지만 그렇지 않다. 모든 자연색 내에 존재하는 가장 기본적인 색이 바로 백색이다. 백색을 다른 칼라와 조합해서 사용함으로써 생기는 효과는 이루 헤아릴 수 없을 정도로 많다.

예를 들면 코카콜라 레드와 백색, 포카리스웨트의 블루와 백색처럼.

이 색은 청결을 나타낸다. 그래서 의사나 간호사의 가운이나 구급상비약 상자도 백색을 바탕으로 하여 청결을 나타내고 있다.

여자가 일생에 한 번뿐인 최대의 이벤트는 결혼식이다. 이 결혼식에서 입는 드레스 칼라는 순결과 여성 판타지의 상징인 백색이다. 다른 색은 잠시 유행에 지나지 않는다.

- Surf 세제 광고: 헤드라인 '부드러움은 이 세제로부터'. 부드럽고 새하얀 섬유와 백색 와이셔츠 위로 무당벌레와 개미가 더럽혀질까봐 아주 조심스럽게 건너다닌다.

4. 여자는 속삭임에 약하다(청각)

여자는 청각형 동물이다. 부드럽고 잔잔한 음악이 흐르는 곳에서 쇼핑하기를 좋아한다. 그래서 전화로 하는 낮은 저음의 속삭임에도 약하다.

여자의 귀는 낮은 저음에 기분 좋게 반응한다. 큰 소리로 말하는 남자는 일반적으로 인기가 없다. 소근거리는 것처럼 이야기하면 좋다.

전화 목소리가 여자를 흥분시키는 것은 직접 귀에 그 저음이 들어오기 때문이다. 그래서 여자를 차분하게 효과적으로 설득시키려면 처음에는 작은 목소리로 말해야 한다. 연설하듯 소리가 크고 목소리 대역(소리의 높낮이)이 넓으면 왠지 불안감을 느낀다.

미국의 심리학자, 앨버트 메러비안(A. Mehrabian)은 이런 공식을 발표하였다.

지각 되는 태도 = (언어)×0.07 + (음성)×0.38 + (얼굴)×0.55

상대가 '어떤 사람일까?'를 결정하는 실마리는 얼굴 표정과 태도(55%)의 영향이 제일 크다. 그 다음이 음성(38%)이고, 말의 내용 언어(7%)는 가장 영향이 적다는 것을 알 수 있다.

말의 내용 언어보다 바디 랭귀지(얼굴표정, 태도) 음성 쪽이 훨씬 영향이 크다는 것은 뜻밖이라고 생각하는 사람이 많을 것이다.

낮은 음성이 호감 받는 것은 높은 음성의 사람에 비해서 '세련되고 매력적이고 섹시하고 남성적이다'는 인상을 주고 상대방에게 안정감을 주며 또한 적극성 있는 인물로 보이기 때문이다.

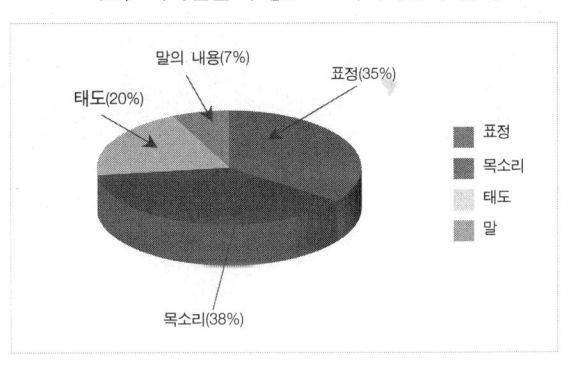

〈표〉 의사전달 구성요소-매러비안의 법칙

결국 여자의 청각은 말의 내용보다 톤과 리듬, 음색 등에 더 민감하다고 할 수 있다.

목소리와 성격 관계는 확실히 밝혀지지 않고 있으나, 대개 외향적인 사람과 리더십이 있는 사람은 '목소리가 강하고 낮게 울리는' 특징이 있다. 따라서 낮은 저음의 목소리가 여자에게 호감을 준다.

즉, 여자는 용모보다 목소리에 반한다. 부드러운 음성으로 다정하게 대하면 호감을 받는다.

또한 국내 홈 쇼핑 유명 남성 쇼 호스트의 실제 방송영상을 들려주며 실험한 결과, 목소리가 낮고 느릴수록 여자들에게 호감을 받고, 더 잘 기억하며, 빠르고 크게 설명할 때보다 구매의사가 높았으며 매출이 늘었다고 한다.

- 뚜레쥬르 크리스마스 CF: 원빈의 '사랑고백 편'으로써 케이크라는 상품 특장점처럼 부드럽고 달콤하게 속삭여 준다. "니가 더 이뻐" 이 말은 많은 여성 팬들의 마음을 설레게 한다. 이처럼 언어정보, 청각정보, 시각정보를 일치시키는 것이 커뮤니케이션 스킬이다.

♣ 카피와 명언

- 남자는 눈으로 사랑을 느끼고, 여자는 귀로 사랑에 빠진다. (우르로 와이어트)
- 여자가 반짝 반짝. 몸과 마음을 깨우는 홍초 바이탈 플러스. (청정원)

5. 여자는 만지는 것을 좋아한다(촉각)

여자는 만지는 것을 좋아한다.* 만져봄으로써 대상의 실체를 정확히 파악한다. 만지는 것은 남자들이 전문이라고 편견을 갖기 쉽지만, 사실은 여자들이 만지는 것을 더 좋아한다.

만진다고 해서 남자들이 상상하듯 그런 성(性)적인 만짐이 아니라, 물론 그것까지도 포함하지만, 여자는 실체 파악을 위해 촉각을 동원한다.

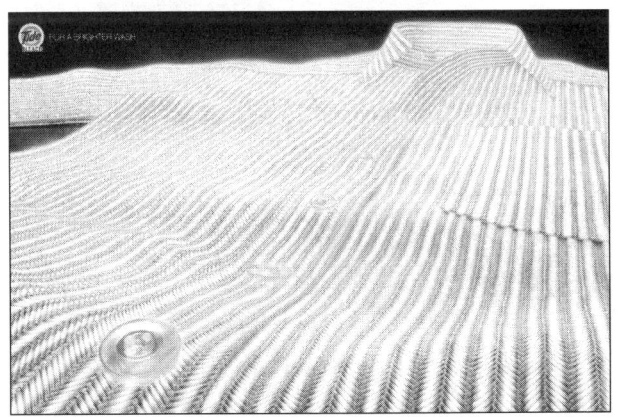

- Tide: 세제 광고: 섬유 올 질감 표현이 생생하게 표현되어 손을 대면 그 느낌이 그대로 전달 될 듯하다. 아마 이 광고를 본 여자는 광고에 손을 대봤을지도 모른다. 판매직원이 여자에게 상품을 설명할 때 '한 번 만져 보세요'라고 권장하는 방법과 똑같은 이치이다.

이것이 판매 시에 유감없이 발휘되는데 우선 만져 보지 않고는 사지

---

* 와타리 노리히코 저, 박문숙 역, 여자는 이럴 때 지갑을 연다, 독자와 함께, 1993.

않는다. 의류를 생각해 보면 잘 알 수 있다. 만져봄으로써 면인지 울인지 소재를 파악하며 또 그것이 피부에 닿았을 때의 느낌을 미루어 짐작한다. 의류뿐만 아니고 모든 물건을 만져보지 않고는 좀처럼 안심하지 않는다.

● DIESEL JEANS 광고: 할머니가 졸고 있는 할아버지 주요 부위를 만지고 있다. 아직도 진을 입을 수 있는 나이 대이며 성에 대한 욕구도 있다는 것을 암시한다.

거리를 걷다 보면 가게 앞에 '물건에 손대지 마십시오!'라는 종이쪽지를 종종 볼 수 있다.

이것은 여자 심리를 전혀 파악하지 못한 것이다. 물건을 팔 때, '보여준다'와 '들려 준다'라는 두 가지 중요한 비중은 50대 50의 비율이 아니다.

물건을 팔 때는 파는 데만 온 신경을 써서 쉴 틈도 없이 계속 소비자에게 들려주는 쪽으로 몰아가기 쉽다.

'백문불여일견(百聞不如一見)', 먼저 상품을 보여주고 잘 이해가 되지 않을 때 들려준다는 보충적 역할 정도로 생각해야 한다.

상품에 대해서 계속 설명을 하다가 '보여 준다'와 '만져보게 한다'는 이 두 가지 중대한 과정을 소홀히 하면 판매는 실패한다.

- I-phone 6se : 인간의 촉각 욕구를 만족 시켜준 대표적 상품, 스마트 폰. 한 손에 움켜 쥘 수 있는 크기, 손가락으로 화면을 터치하여 늘리고 줄이는 등의 촉각 욕구를 만족시켜 주어 인류최대의 히트상품이 되었다.

6. 여자는 신체 접촉에 약하다(촉각)

여자는 접촉 되는 감각에 크게 영향 받는다. 남녀의 만남에 있어서도 마찬가지다. 일주일에 하루 1시간 만나는 것보다 6일 동안 짧게 10분씩 만나는 것이 훨씬 친밀해진다.

빈번하게 접촉하면 접촉할수록 좋아지게 되는 확률이 높아진다. 이것을 심리학에서 '단순 접촉의 원리'라고 한다.

심리학자, 보딘(Bordin)은 이런 실험을 하였다. A라는 동일 인물을 3가지 조건에 의한 방법으로 상대를 접촉하게 한 뒤 A에 관한 인상을 물었다. 첫 번째는 눈가림을 하고 말도 하지 않고 악수만 하고 헤어졌다.

이 경우에는 A씨는 '따뜻하고, 신뢰할 수 있다, 어른답고, 감각이 예리하다'고 평가하였다. 또한 48%는 A씨를 재회하기를 원했다.

두 번째는 이야기도 악수도 하지 않고 서로 얼굴만 마주 본체 헤어졌다. 눈을 가리지 않았지만 이 경우에는 A씨는 '쌀쌀하고, 건방지다, 어른답지 못하다'고 평가하였다.

세 번째는 눈가림을 하고 악수는 하지 않고 이야기 한 후에 헤어졌다. 그때의 A씨는 '거리감이 생긴다, 무감동하다, 형식적이다' 등으로 평가 받았다.

과거부터 오늘날까지 여자들이 광신적으로 믿는 종교가들은 반드시 손이나 신체, 혹은 의복에 접촉하게 한 스님이나 목사가 많았다.

기업의 인터넷 홈페이지나 카탈로그, 광고 등에 대표이사 사진을 게

재하는 것도 말하자면 '피부 접촉 효과'를 노린 한 가지 방법이다.

즉, 얼굴을 대하는 횟수가 많은 사람이 적은 사람보다 더 호감을 느끼게 되는 '숙지성(熟知性) 원리'가 성립된다.

> 〈보사드Bossard의 법칙〉
>
> 남녀의 친밀감= 심리적 거리의 가까움 × 접촉 시간 량
> (사랑은 두 사람 거리가 멀면 멀수록 감소한다는 법칙)

- 풀무원 기업PR 광고: 한 평생 알로에를 직접 키우고 가꾸어 온 대표이사가 광고 모델로 등장하였다. 회사와 상품에 신뢰감을 심어주려는 기획 하에 만들어진 광고이다.

- LG전자 트롬 워시 세탁기 광고: 기술자 출신 대표이사가 광고에 출연하였다. 그만큼 제품 기술력에 자신 있다는 것을 알린다. 이런 광고를 통해서 여자는 신뢰감을 갖는다.

7. 여자는 섹스에 약하다(육감; 오감의 집합)

　성적욕구는 식욕과 마찬가지로 인간의 가장 기본적인 욕구 중의 하나다. 정신분석학자 프로이드는 '우월감'과 '성충동'이 인간행동의 2대 동기라고 말했다.
　흔히 성충동은 남자에게만 혹은 남자가 훨씬 강할 것이라고 생각하지만 그것은 오해이다. 여자도 남자와 똑같은 성충동을 갖고 있다.
　남자가 예쁘고 세련된 여자를 좋아하듯 여자도 멋있는 남자를 좋아한다. 또, 강한 남자를 좋아한다. 여자는 물질적, 정신적 못지않게 육체적으로도 만족을 얻고 싶어 한다. 이러한 욕구가 현대산업사회에서는 그 대상이 10대부터 70대까지 폭넓게 형성되어 있다.
　가벼운 성적 표현에서 에로틱한 분위기로 승화되는데 성욕을 자극하는 방법은 가장 효과적인 판촉 기법일 수도 있다.
　성적 표현 광고가 끊임없이 사회적 문제가 되는 것은 강력한 애정 표현을 보여주어야만 성공한다는 강박관념으로 여과 없이 보여주기 때문이다.
　성을 쾌락 목적으로 이용하면 포르노가 되고 미적 감각으로 아름답게 표현하면 예술이 된다. 이는 남자들의 일방적인 시각 때문에 노출 심한 광고를 섹시한 광고라고 생각하지만 여자는 로맨틱한 분위기에 따라 섹시한 광고인지 아닌지를 판단한다.

성적인 분위기가 잘 연출된 애정 표현 광고는 여자에게 효과가 높다. 삶에 강력한 힘을 부여해주는 성적욕구. 광고에서 12단계의 성적 친밀성을 에로티시즘으로 승화시켜 표현하면 강력한 효과를 얻는다.

'이 향수를 뿌리면…', '이 옷을 입으면 당신은 사랑을 받고 시선을 받는다'고 하면 된다. 이 욕망은 실로 대단히 강력하다. 여자를 상품화했다는 비난이 쏟아지지만 여자에게 이것만큼 강력한 소재는 없다.

● 캘빈 클라인 광고: 노골적인 성 노출과 행위 등의 성적 소구로 성공한 캘빈클라인. 목표 타깃이 젊다면 이렇게 성적 환상으로 빠져들게 하는 비주얼 표현이 때로는 효과적이다. 상품이 성(性)적인 것과 관련되면 그 효과는 배가 된다.

전달하려는 메시지에 성적인 표현이 필요하고, 또 이를 아름답게 연출할 수 있다면 과감한 시도를 할 수 있을 것이다. 상품 구매나 메시지 수용에는 노골적인 성적 묘사보다는 은밀한 유혹이 훨씬 유리하다는 점을 기억해야 한다.

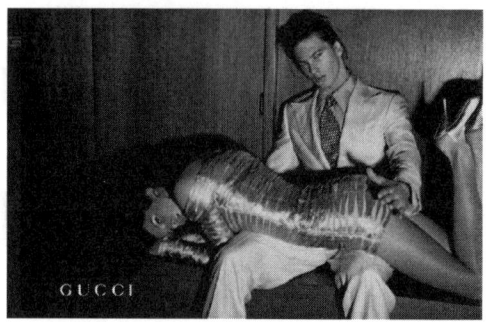

- 구찌 광고: 섹슈얼 마케팅으로 성공한 대표적인 패션 브랜드, 구찌.
다소 노골적이지만 천박하지 않은 성적 소구를 담아냈다.
이렇게 명품 브랜드의 도발적이고 관능적인 광고는 큰 성공을 거둔다.

- American Apparel 광고: 남성이 여자 엉덩이 치마 밑을 구두 발로 걷어 올리는 장면으로 성적 상상력을 자극시킨다. 매년 선정적인 섹슈얼 마케팅으로 이슈를 만들고 크게 성공한 아메리칸 어패럴. 그러나 장기간 지나친 섹슈얼 마케팅에 소비자들이 외면하여 매출부진으로 파산하였다.

- Replay 청바지 광고: 남자의 눈은 도대체 여자의 어느 부분에 끌리는 걸까? 미국의 한 연구 결과에 따르면 '허리의 잘록한 부분'이라고 한다. 그 점을 착안히여 잘록한 허리를 성적 매력으로 드러내어 표현하는 경우가 많다.

- 드비어스 다이아몬드 광고: 캐슬린 D.보스 미네소타대학 마케팅 교수는 실험에서 여성은 럭셔리 보석류나 시계 등의 상품 광고에 표현된 성적인 이미지를 수용하는 경향이 있다고 진단했다. 반대로 저렴한 상품의 성적 이미지는 반감을 표시한다고 한다.

♣ 카피와 명언

미각
- 김치 맛이 달라지면 김치 냉장고도 달라져야합니다. (LG 김장독)
- 냠냠냠. (풀무원 콩나물)
- 가마솥의 구수한 밥맛. (금성가마솥전기밥솥)
- 동그란 구멍에서 상큼함이 폴~폴~폴로. (한국네슬레)
- 진하게 푸욱 고았습니다. (옛날사곡곰탕)

촉각
- 피부에 말을 걸어 보세요. (웅진룰루연수기)
- 찌든 때는 쏙쏙, 옷감은 보들보들. (공기방울세탁기)
- 전통 한지 장판의 부드러운 느낌 (진양한지장판)
- 주머니속의 손난로. (열내는하마)
- 내손같이 부드러운 가정용 고급장갑. (옥시핸디)

청각
- 잘 걸리고 잘 들립니다. (핸디폰셀스타)
- 현이 길어 깊고 부드러운 소리. (삼익피아노)
- 울려라! 금빛 멜로디. (VOV)
- 음메에 딸랑딸랑. 쇠방울 소리는 저 들녘의 풍년가락 구수한 무황복이탕에 풍년 맛이 절로난다. (쇠고기다시다)
- 사그락 사그락~ NFC 썬키스트 NFC. (썬키스트 쥬스)

시각
- 당신의 빨간 사과, BC입니다. (BC카드)
- 봄은 빨강이다, 여름보다 강하다. (신세계)
- 푸릇푸릇, 푸른생명을 지켜드려요. (금호생명)
- 꽃처럼 핀 빨간 칼국수가 먹고 싶다. (당근밀가구)
- 하얀 자신감. (클라렌)
- 힘내라, 노랑색. (레모나C)

육감
- 으음~ 기분까지 촉촉해요. (롯데칙촉)
- 오늘도 촉촉하게 젖었습니다. (라네즈)
- 줘도 못 먹나? (롯데삼강)
- 줄 때 받자. (삼성카드)
- 고추가 들어 있어 고추참치, 조개 즙이 들어 있어 순참치, 따먹고 합시다! (리나참치)

제4장 여자와 3B

1. 여자는 귀여운 동물에 약하다

흔히 사람들의 관심을 많이 끌 수 있어 광고에 많이 쓰이는 사진 및 일러스트레이션 사용 법칙으로 '3B 법칙'이 있다. 세 가지는 ① Baby(아기) ② Beauty(미인, 아름다운 것) ③ Beast(동물)다.

이 세 가지는 가장 효과적이며 흥미유발과 주목효과가 높은 광고모델이다. 뉴욕의 광고 조사기관인 비디오 스토리보드 테스트 조사결과에 따르면 미국 광고업계에서 성공적이라고 분류된 광고 종류는 '유머가 넘치는 광고', '아이들이나 애완동물이 등장하는 광고', '상품을 제대로 보여주는 광고' 등이었다.

그러면 여자는 어떤 동물을 좋아할까. 우선, 작은 동물을 좋아한다. 함께 산책을 하거나 외출할 때 큰 동물은 여자 힘으로 다루기 어렵기 때문이다.

두 번째는 무섭지 않아야 한다. 세퍼트나 불독은 좋아하지 않는다. 귀엽고 깜찍한 말티즈나 치와와 같이 방안에서 키울 수 있는 애완용 동물을 좋아한다.

마지막으로 육식동물을 좋아하지 않는다. 호랑이, 사자는 말할 것도 없고, 조류 중에서도 맹금류 독수리, 까마귀, 매는 좋아하지 않는다.

이런 점을 잘 알아두지 않으면 회사 심벌마크나 상품 캐릭터 등에 무심코 여자가 싫어하는 동물을 채택하면 기업과 상품에 마이너스 이미지가 심어진다. 동물이나 새 등을 광고에 사용하려면 제일 먼저 '귀엽다'고 생각되는 것을 채택해야 한다. 동물 모델은 돈도 많이 안 들고 여러 가지로 활용할 수 있는 장점이 많다.

〈여자에게 흥미 있는 그림〉
여성, 어린이, 갓난아기, 의상, 가족적 분위기, 맛있어 보이는 음식, 가구, 가정용품, 응접실, 안방, 꽃, 보석, 액세서리 등

• 에르메스 구두 광고: 귀여운 동물이 등장한 광고는 시선 끌기 효과가 크다. 동시에 상품과 소비자 간의 거리감을 없애주므로 친근감을 갖게 한다.

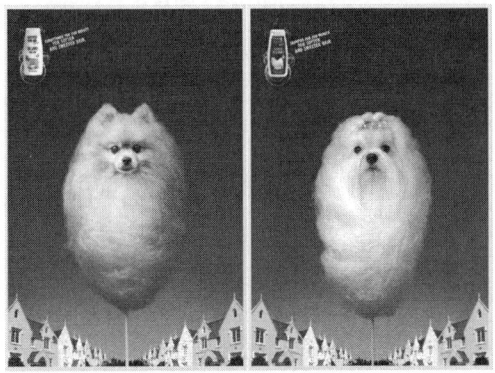

• 강아지 샴푸 광고: 달콤한 솜사탕에 귀여운 암컷, 수컷 애완견을 표현하였다. 이 샴푸를 쓰면 당신의 애완견 이렇게 귀여워진다는 메시지다.

- 버거킹 광고: 헤드라인 "패티가 더블이고 세트 가격이 3천 900원"
이 말(카피)에 놀란 표정을 보여준다. 얼마나 귀여운가. 최근 각종 예능 프로그램과 1인 가구 증가로 애완동물이 광고에 등장하는 사례가 늘고 있다.

♣ 카피와 명언

- 반려동물을 키우는 사람은 최대한 따뜻하게 대해야 한다. 반려동물을 키우는 사람들은 마음의 치유를 원하는 경우가 많다. (도서, '세상의 모든 심리학'에서)
- 한 나라의 위대성과 그 도덕성은 동물들을 다루는 태도로 판단할 수 있다. 나는 나약한 동물일수록 인간의 잔인함으로부터 더욱 철저히 보호되어야만 한다고 생각한다. (마하트마 간디)
- 개의 충성심은 인간과의 우정 그 이상의 어떠한 도덕적 책임감도 필요로 하지 않는 그들의 고귀한 본성이다. (콘트라 로렌쯔)

2. 여자에게 아름다움은 생존의 수단이다

여자는 우선 무슨 수를 쓰더라도 날씬하고 예뻐지고 싶어 한다.

그래서 '살찐다는 것'에 공포심을 갖는다. 여자는 먹는 것을 좋아하지만 한편으로 먹음으로써 살찌는 것을 두려워한다.

일본의 어느 햄 메이커에서 이런 여자 심리를 이용하여 슬라이스 햄을 개발하여 크게 성공하였다. 여성들이 햄은 먹고 싶지만 살쩔까봐 햄을 기피하자, 매출은 갈수록 떨어지기 시작했다.

겨울 바다의 미각 왕자인 '복어'. "복어회처럼 얇게 썰어서 판매하면 어떨까"라는 아이디어로 햄을 얇게 썰어서 판매를 하였다. 결과는 대히트! '먹고 싶다, 날씬해지고 싶다'는 여자들이 이 햄에 몰려들었다. 즉시 매출이 신장되었다.

햄이 얇으니까 시각적으로는 살찌는 것에 대한 부담이 적어지자, 한 장을 더 먹게 되었고, 결국은 마찬가지인 셈이다.

그러나 먹고도 싶고, 날씬해지고도 싶은 여자의 마음을 읽어 햄이 얇아지고, 매출은 크게 신장되었다. 현재는 처음 3분의 1 정도로 더욱 얇아졌다. 여자 심리를 적확하게 헤아린 기획력이 돋보인 예이다.

미의 조건을 갖추기 위해 여자들의 노력은 눈물겨울 정도다. 성형외과에서 광대뼈를 깎아내고 턱 뼈를 줄이는 수술도 마다하지 않는다. 미에 대한 집착이 얼마나 극성스러운지 우리나라는 벌써 성형 시술 인구가 가장 많은 나라로 불린다.

건강보조식품회사의 다이어트 식품이 날개 돋친 듯 팔리고, 살을 빼 준다는 다이어트 센터마다 문전성시다.

얼굴 다음으로 여성들이 예쁘게 고쳤으면 하는 부분이 가슴이다. 봉긋하고 적당히 풍만한 가슴은 고대에서 현대까지 여성의 아름다움을 상징하는 영원한 테마다.

재미있는 사실은 얼굴에 자신이 없는 여성일수록 몸매를 더 가꾸고 싶어 한다는 것이다.

● 에르메스 광고: 최고 패션 아이템, 하이힐. 하이힐을 신으면 글래머러스한 보디라인 연출이 가능하다. 매력적인 여자가 되기 위해서는 명품 하이힐 하나쯤은 갖고 있어야 한다는 로망을 품는다.

● 비너스 브래지어 광고: 이 브래지어를 착용하면 앞태, 뒤태, 옆태, 옷태가 살아난다. 즉, 아름다운 몸매라인이 어느 각도에서도 잘 드러난다는 얘기다.. 브래지어 기능도 중요하지만 그에 못지않게 드러나는 라인은 그 이상 중요하다.

● Oreo Thins 광고: 먹고 싶고 동시에 날씬해지고 싶은 여자들의 2중 심리를 반영하여 얇게 만든 날씬한 디저트 쿠키다. 여자의 영원한 관심사는 외모. 날씬해지고 예뻐진다고 말해주면 좋아한다.

● NEPA 화보 사진: 우리나라 여성들이 가장 닮고 싶어 하는 몸매 소유자, 전지현. 그녀의 스타일과 각선미는 동경의 대상이다.

● 해외 요구르트 버스 쉘터 광고: 헤드라인은 "당신이 날씬해진 모습을 그려보라"는 요구르트 광고. 이 요구르트를 먹으면 슬림한 빨간 옷을 입을 수 있다는 메시지다.

3. 여자는 자기 아이에게 관심을 보여주는 사람을 좋아한다

남자들은 모이면 여자 얘기를 꺼내고 여자들은 자식 얘기부터 한다는 말이 있다. 그 이유는 남자는 '사랑의 대상'에 여자는 '사랑의 결과'에 집착하기 때문이다.

TV를 통해 광고가 나올 때 시청자들의 농공 확장을 사진으로 측정하는 장치가 있다. 이 기법에 의한 실험 결과를 보면 여자 피험자들은 어머니에 대해 가장 강한 반응을 나타냈다. 다음으로 아기 사진에 대해서도 강한 반응을 나타냈다.

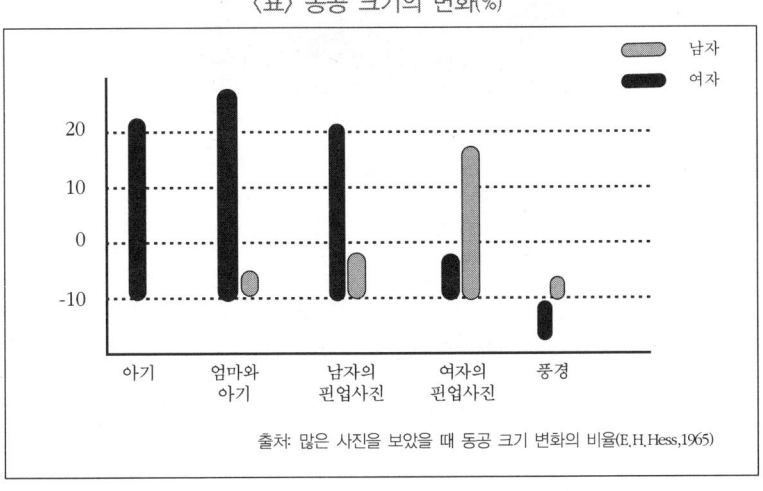

〈표〉 동공 크기의 변화(%)

출처: 많은 사진을 보았을 때 동공 크기 변화의 비율(E.H.Hess,1965)

대체로 여자는 아이들을 좋아한다.* 사실 여자가 아이를 싫어한다면 곤란한 일이며, 창조주 섭리에 맞지 않는 일이다. 여자만 아이를 낳을 수 있으며, 아이가 일정한 연령이 될 때까지 여자가 아니면 아무래도 아이를 키울 수 없다.

자신의 아이도 물론이고, 남의 아이라도 여자는 본능적으로 좋아한다. 여기서 주의해야 할 것은 여자들은 '아이를 좋아하는 남자는 착한 사람이다'라는 생각을 한다는 사실이다.

애인과 함께 전철을 탔을 때, 아기를 안고 있는 엄마를 보게 되면 아기를 어르거나 귀여워하면 애인에게 호감 받는다.

● 대교 광고: 눈높이 콘셉트로 성공한 대교의 눈높이교육. 선생님과 제자가 같은 눈높이로 바라보면서 가르치는 것이 사랑으로 가르치는 일이라고 한다.

---

* 와타리 노리히코 저, 박문숙 역, 여자는 이럴 때 지갑을 연다, 독자와 함께, 1993.

어린아이를 무시하거나 윽박지르는 일은 여자들 앞에서 피해야 한다. 말하자면 아이 머리를 쓰다듬을 때는 막대기처럼 선 채로 위에서 쓰다듬을 것이 아니라 약간 구부리고 앉아서 시선을 아이 눈높이와 맞춰 얘기를 하듯이 머리를 쓰다듬는 연출을 할 수 없다면 여자의 마음을 사로잡기 힘들다. 여자의 신뢰를 얻는 몸가짐이다.

이 광경을 옆에서 바라보는 엄마는 '이 사람은 진심으로 아이를 상대하고 있구나!, 천성이 아주 착한 사람임에 틀림없어'라고 믿어 버린다.

또한 '이렇게 좋은 사람이 권하는 물건이라면 절대로 나쁠 리가 없을 것이다'라는 결론을 내린다.

● 삼성 레미안 광고: 여자는 아이들과 잘 지내는 남자를 보면 "참 착한 사람이구나"라는 이미지를 갖는다. 여자들의 그런 마음을 광고로 표현하였다.

4. 여자는 유아적 체험에 약하다

사람은 자신이 체험을 통해 얻은 사물을 최우선 시켜 이해한다. 또 자기가 체험한 것을 잊지 않고 가슴에 새겨 놓는다. 그때의 정경과 환희, 고통 등을 성인이 된 지금도 그대로 느낀다.

● 문재인 대통령 후보 CF: 예쁘고 천진난만한 어린아이 눈을 다정하게 마주보는 문재인 후보. 이를 본 유권자들은 그가 진실하고 선량한 사람이라는 이미지를 갖게 한다.

그래서 광고로 유아적 체험을 자극해 주면 사람들은 그 상품에 대해 친근감을 갖는다. 우리들의 잠재의식 속에는 자신이 느낄 수는 없지만 항상 손을 깨물거나, 손가락을 입에 넣고 빨거나, 끊임없이 물건을 핥거나, 입 속에 물건을 넣는 등 유아적 체험에 대한 강한 향수가 잠재 되어 있다.

갓난아기 시절, 어머니 젖을 빨았던 쾌감 체험을 통하여 만족감을 얻었기 때문이다. 이 향수는 현대의 사회적 긴장감이 증가됨에 따라 계속

해서 쌓이게 된다. 그래서 부드럽게 입안 감촉을 좋게 해주거나, 유아식품을 떠올리게 하는 스낵이나 껌 등은 앞으로도 수요가 계속 늘어날 것이다.

TV에 식품류 광고는 소비자의 이러한 심리적 약점을 잘 활용하여 유아기를 떠올리게 하는 향수를 불러일으켜 매상을 올릴 수 있다. 아이스크림 광고사진을 보면 한결같이 콘 크기에 알맞게 아이스크림이 담겨져 있지 않다.

칼라가 산뜻하고 먹음직스러운 크림이 곧 흘러내릴 듯한 장면을 이용한다. 이 과장된 광고도 소비자에게 어렸을 때 추억을 회상시켜 구매로 연결시키는 방법 중의 하나이다.

● 서울우유 CF: 형제가 아래층에 소음 전달될 정도로 뛰놀다가 엄마에게 벌 받는 장면. 엄마는 어렸을 적 자신의 모습과 오버랩 된다. 마음이 아픈 엄마는 우유로 사랑을 전한다.

● LG전자 트윈 워시 세탁기 CF: 삼둥이가 밖에서 놀다가 집에 들어 왔는데 야구복이 온통 흙투성이다. 자라면서 누구나 한 번 쯤은 겪었던 일이며 이 비주얼을 보면서 공감한다.

5. 여자는 자식과 남편에게 약하다

어머님 은혜의 가사를 생각해 보자. '낳으실 때 괴로움 다 잊으시고 진자리 마른자리 갈아 뉘시며 손발이 다 닳도록 고생 하시네~'

이처럼 여자는 본래부터 강한 모성애로 자식을 위해서라면 아무리 험한 일도 마다 하지 않는다.

가장 좋은 것을 먹여 주고, 입혀 주기 위해 애를 쓴다. 그렇지 못하면 모두 자신의 탓으로 돌리고 만다.

• 삼성생명 기업 PR 광고: 가족을 위해서 희생하는 엄마이자, 아내. 엄마와 아내의 마음을 잘 읽어내어 이를 광고카피로 표현하였다. 이를 본 주부들은 "나랑 똑같아"하고 공감했을 것이다.

남편에 대한 크고 작은 불만 요소나, 자신의 꿈을 이루지 못했거나, 어려서 가난을 겪고, 부자연스럽고, 부족했던 지난 시절을 보내온 사람 중에 이런 의식이 특히 강하다.

이런 사람들은 대부분 자식을 통해 자신의 꿈을 이루려하기 때문에 집념을 불태운다.

이러한 이유 때문에 아이들의 학용품, 의류, 건강, 학습지, 입시학원 등에 막대한 비용을 아낌없이 지불한다. 자기 자식을 명문대학에 진학시키려고 고액과외를 위해 자신은 가사 도우미로 나서는 데도 주저함이 없다.

여자는 자신만을 위해서는 선뜻 사지 않아도 자식을 위해 고액의 족집게 과외를 보내고, 비싼 브랜드 옷을 입히면 가성 경제에 무리라는 것을 충분히 알면서도 과감하게 구매한다.

자기를 위해서가 아니고 남편 건강을 위해서나 자녀가 공부할 때 간편하게 먹을 수 있는 상품이라고 설득하면 큰 저항감이 없이 구매한다.

P&G의 1회용 종이기저귀가 처음 나왔을 때의 이야기다.

최초 광고 콘셉트는 주부의 편리함이었다. 기저귀를 빠는 고통에서 해방된다고 소구했지만 주부들은 움직이지 않았다.

그래서 '아기에 대한 사랑'으로 소구 점을 바꾸었더니 상품 판매는 늘어났고 그 광고도 크게 성공했다.

같은 내용이라도 어떻게 얘기하느냐가 중요하다. 자신을 희생하면서 자식과 남편만을 위해 모든 걸 투자하려고 한다.

그 희생에서 맛보는 즐거움과 희열을 간과해서는 안 된다. 여자는 반드시 '내가 없으면 우리 가정이, 남편이, 아이들이 모두 큰일 난다'고 생각한다.

> ⟨주부 지갑을 열게 하는 우선순위 상품⟩*
> ① 가족·아이용품   ② 생활 유지용품(가구, 잡화, 주방용품)
> ③ 미용용품   ④ 건강관리 용품
> ⑤ 교양·오락·취미용품 ⑥ 패션용품

위의 순위를 보면 자신의 패션용품은 마지막 순위이다. 자기 옷보다는 남편과 아이에게 입힐 옷을 먼저 생각하기 때문이다.

- 페브리즈 광고: 회사에서 회식으로 냄새가 밴 남편의 옷.
  늘 남편에게 산뜻한 옷을 입혀주려는
  아내의 지극한 사랑과 정성이 있어야만 가능하다.

♣ 카피와 명언

- 당신이 건강하면 제일 기뻐해 줄 사람은 누구입니까? (일본 제약회사 카피)
- 5분만 있으면 남편이 온다. (설중매)
- 서른여섯 여자에게 내 아이란 질 수 없는 자존심이다. (KB카드)
- 귀찮은 일을 자진해서 하려는 것은 여자의 첫 번째 본능이다. (심리학자 그룬월드)

---

* 히데노리 사쿠라이, 김도희 역, 여자의 지갑을 열게 하라, 오월, 1994.

제5장 여자와 언어

1. 여자는 '사랑'과 '행복'이라는 말에 약하다

'사랑'과 '행복'이라는 말은 여자들이 가장 좋아하는 말이다. 불멸의 테마다. 좋아하는 것을 뛰어 넘어 아주 강한 반응을 나타낸다.

사랑하는 남자로부터 듣고 싶은 말이 있다면? '사랑 한다'는 말이 단연 최고다. 들어도 들어도 질리지 않는 말이 '사랑 한다'는 말이다.

특히 사랑하는 사람에게서 듣는 사랑한다는 말보다 더 달콤한 말은 없다. 여자는 사랑을 하면 예뻐진다고 하는데, 이것은 생리학적으로 설명되는 사실이다.

사랑할 때는 사랑하는 사람만을 골똘히 생각한다. 그런 마음의 움직임에 자극 받아 아드레날린이라는 호르몬이 분비된다.

이 아드레날린에 의해 혈압이 오르고 맥박도 빨라져 피부가 촉촉해지며, 눈동자도 크게 열려 반짝이므로 여성적인 매력이 한층 더해진다.

이 밖에도 호감을 나타내는 말로는 우아함과 아름다움, 순수함, 상냥함 등등 많이 있다.* 그러나 이 '사랑'과 '행복'이란 말만큼 여자 마음을 사로잡는 말은 없다.

우아함과 상냥함 그리고 순수함 등의 말은 연령에 따라서 호감도가 달라지지만, 사랑과 행복이란 말은 연령에 관계없이 좋아한다. 물론, 여기서 말하는 사랑이란 말이 어떤 종류의 사랑인가는 분명하게 알 수 있다.

---

* 와타리 노리히코 저, 박문숙 역, 여자는 이럴 때 지갑을 연다, 독자와 함께, 1993.

남자의 경우, 사랑이란 이성에 대한 것만을 의미하지 않는다. 그 말은 때에 따라서 국가에 대한 사랑, 사회에 대한 사랑, 고향에 대한 사랑 등을 의미할 때도 있다. 그러나 여자에게 있어서 사랑이란 분명 국가에 대한 사랑은 아니다.

이성에 대한 사랑 즉, 애인이나 남편을 대상으로 한다. 사랑과 행복이라는 말은 여자에게 영원한 언어이며, 영원한 진리일 뿐이다.

여자들이 사용하고 있는 단어가 3천 단어가 됐든, 1만 단어가 됐든 '사랑'과 '행복' 이 두 단어야말로 여자들이 가장 좋아하는 단어라는 사실을 알아두어야 한다.

이 두 단어보다 더 좋은 효과를 나타내는 말은 없다. 모름지기 여자늘의 가장 소박한 행복은 언제나 연인의 사랑을 확인할 때 느낄 수 있다.

• 동부화재 프로미 라이프 CF: 여자들이 가장 바라는 행복한 가정은 바로 이런 모습이 아닐까.

- 여성잡지, '행복이 가득한 집': 우리나라에서 발행되는 여성 잡지 중에서 가장 많이 팔리는 잡지 브랜드다.

- MBC 수목드라마 포스터: 부부금슬이 아주 좋은 여자들조차도 "남편이 정말로 나를 사랑하는 걸까?"하는 잠재적인 불안감을 갖고 있다는 사실이다. 그래서 끊임없이 "당신, 나 사랑해?"라고 묻는다.

♣ 카피와 명언

- 어느 땐 그 사람 옷의 작은 단추이고 싶다. (영화 첫사랑)
- 내가 사랑하는 사람과 결혼할겁니다. (듀오)
- 사랑은 선택이다. 선택 못하면 사랑도 없다. (선우)
- 사랑을 기다리고만 있을 것인가? (닥스클럽)
- 사랑엔 끝이 없습니다. (교보생명)
- 아내사랑 뿌린 대로 거둡니다. (다리오)
- 와이키키에서는 사랑의 말, 사랑의 키스를 아끼지 않는다. (하늬여행사)
- 사랑한다, 사랑한다, 사랑한다. (서울우유)

2. 여자는 외국어를 좋아한다

　외국어를 좋아하는 것은 남자도 마찬가지이지만 역시 여자를 따라갈 수는 없다. 물론 영어나 외국어를 좋아한다는 것에 대해 무조건 나쁘다고는 할 수 없지만 외래어 남용이 문제가 된다.
　여자를 구독 대상으로 하는 여성 잡지 제호를 살펴보자.
　비교적 오래된 잡지는 한글 제호가 눈에 띈다. 여성동아, 여성중앙, 주부생활처럼.
　그러나 젊은 여성을 대상으로 발행되는 잡지 제호는 한결같이 영어 혹은 불어다. 우먼센스, 레몬트리, 엘르, 쉬크, 라벨르, 이브, 퀸, 마리끌레르, 클라쎄, 필 등 너무 많은 외국어 제호 남용이 눈에 거슬리지만 발행회사에서는 영어나 불어제호를 선호한다는 것은 흥미 있는 일이다.
　이 뿐만 아니라 여자 직업 중 카피라이터나 디자이너에서부터 코디네이터, 칼라리스트, 스타일리스트, 뷰티컨설턴트, 아트매니저, 레이싱모델, 네일 아티스트 등 영어식 직업명은 점차 일반화되는 추세다.
　여자는 태생적으로 누군가에게 필요한 사람이 되고 싶어 하는 본성이 있다. 그렇기 때문에 다른 사람의 삶에 도움을 주는 직업이라면 더 큰 보람을 느끼며 더 잘 할 수 있다. 그 직업명이 세련된 영어라면 더할 나위 없이 좋은 일이다.
　브랜드나 잡지 이름, 직업도 영어식으로 표기해야 뭔가 있어 보인다. 홈쇼핑회사의 쇼 호스트들은 빨강, 검정, 회색하면 될 것을 레드, 블랙,

그레이 칼라라고 말한다.

　방송 프로그램이나 영화 제목도 마찬가지다. 아무튼 여자는 영어를 좋아하고 뭐든지 영어로 바꿔 놓아야 직성이 풀리는 것 같다.

● 삼성생명 컨설턴트 광고: 보험회사 여성 설계사 모집 광고다. 우리말의 보험 모집인이나 보험 설계사라는 말 대신 파이낸셜 컨설턴트라는 용어를 쓰고 있다. 영어를 쓰면 세련되고 전문성이 느껴지며 뭔가 있어 보인다.

● 엘리트 교복 광고: 엄마의 마음으로 교복을 만들겠다는 마케팅 전략으로 어머니 의견단을 모집하는 광고다. 그 어머니 의견단 브랜드가 세련된 교복을 만드는 엘리트와 엄마 영문표기 맘의 합성어 '엘맘'이다.

3. 여자는 '결혼'이라는 말에 약하다

교육 심리학자, 스턴버그(Sternberg, R.J.)에 의하면 사랑에는 친밀성, 열정, 구속이라는 세 가지 요소가 포함된다고 한다.

그래서 '사랑하는 것에는 쉽게 속는다'는 말이 있다. 재물에 대한 욕심이나 명예욕이 있는 주변에는 항상 사기 행위가 맴돌게 마련이다.

결혼도 마찬가지다. 가끔 뉴스에서 접하게 되는 사건이 결혼을 빙자한 사기 사건이다.

처음 만나서 갖은 감언이설로 여자의 넋을 빼앗고 결혼을 전제로 몸과 마음, 돈까지 빼앗는다. 이처럼 여자에게 '결혼'이라는 말에 마력이 잠재 되어 있기 때문에 결혼 사기에 잘 걸려든다.

결혼을 미끼로 해서 여자를 희롱하는 남자들이 끊임없이 나온다. 사람들은 왜 결혼을 할까? 물론, 사랑하기 때문일 것이다.

사랑을 영원히 지속하고, 행복을 얻기 위해서, 인간의 본능인 종족 보존을 유지하기 위해서 하는 것 등의 많은 이유가 있을 것이다. 그래서 여자들은 특히 환상을 갖는다. 결혼식 당일 30분 입었다 벗을 웨딩드레스를 맞추기 위해 몇 백 만원이라도 감수한다.

결혼식을 앞두고 피부 관리, 몸매관리, 한복집, 양복집, 금은방, 떡집, 폐백 닭 집, 여행사, 사진관, 가전대리점 등 헤아릴 수 없을 정도로 많은 결혼 관련 업체가 있다.

그런데 여기서 문제가 생긴다. 바로 '평생에 단 한번'이라는 최면에 걸리고 결혼에 관련된 업체에 가서 물건을 구매하면 애초 계획했던 금액보다 훨씬 상회한다. 신혼여행도 제주도 가려다 '요즘 신혼부부는 다들 해외로 가는데 유럽이나 몰디브가 어때요'라고 권하는 말에 솔깃하여 당장 변경해 버린다.

이것은 본인도 문제이지만 '평생에 단 한 번 뿐인 결혼인데'라는 상술로 부추기면 벗어날 수가 없다. 그래서 과감하게 된다. 잔돈 깎는 데는 선수이지만 이렇게 금액이 커질 경우에 금전 감각은 둔해진다.

평생에 단 한 번 뿐인 결혼을 위해서 과감한 투자를 아끼지 않는 여자를 대상으로 하는 업체는 황금 어장이나 다름이 없기 때문에 이 '평생에 단 한번'이라는 최면을 자주 사용한다.

또한 여자는 결혼 이야기를 좋아한다. 유명 연예인 결혼 이야기나 신혼여행 이야기를 해 주면 여자의 눈은 반짝인다.

그러면 어느새 눈앞에서 이야기하는 남자와 그렇게 되어가는 듯한 예감과 착각을 한다.

● 결혼정보회사 듀오 광고: 여자에게 만족을 주는 단 한가지의 행복은 결혼이다. 결혼은 미혼 남녀에게 있어서 가장 큰 관심사이자, 또한 즐거움이다.

결혼이라는 단어만으로도 그들은 가슴 설렌다.

- 한 남자가 길을 가는 사람에게 사진을 찍어 달라고 부탁한다.

- 남자는 계속해서 장소를 옮겨가면서 사진을 찍는다.
  그런데 남자 뒤에는 항상 어떤 글자를 배경으로 찍는다.

- 남자는 다른 곳에서도 사진을 찍어 달라고 한다.
  여자 친구는 누군가의 전화를 하염없이 기다린다.

- 여자의 휴대폰이 울리고 몇 장의 사진이 도착한다.

- 남자가 사진을 찍었던 곳에 있었던 단어들. Will, You, Mary, Me.

- 남자의 깜짝 프러포즈 이벤트에 감동 받아 울컥하는 그녀. 남자는 그녀의 전화를 받는다. Connecting People. (Nokia 광고)

4. 여자는 2음 반복 4음절을 좋아한다

여자는 남자에 비해 감각과 직감이 훨씬 강하다. 자신의 직감에 확신을 갖는 여자도 많다. 여기에 정보를 수용하는 데 있어서도 시각보다는 청각이 우수하다. 그래서 상품이나 서비스 이미지를 음으로 표현하면 효과적이다.

우리나라의 한 가선업체는 소음 없는 냉장고 특장점을 '사장 사장 사장'으로 표현하여 크게 성공한 사례가 있었다. 2음 반복어는 상품 이미지와 쉽게 연상되는 것이 좋다. 아무런 의미가 없는 2음 반복어도 좋다. 면도기 광고에서 '성능이 좋다'라고 말하기보다는 '쓱싹 쓱싹'이라는 것이 보다 효과적이다.

우리나라에서도 2음 반복 4음절과 동음 반복 상품명도 최근에 많이 등장하였다. 젤리의 새콤달콤, 사과주스 사각사각, 요리유 바삭바삭, 그 밖에 오렌지 주스 봉봉과 쌕쌕, 분유의 젬젬, 세제의 퐁퐁 등이 있다.

● 원더 퍼펙션 마스카라 광고: '사뿐사뿐'처럼 2음 반복 4음절은 어린 시절 어머니가 나를 다독거려 주는 느낌을 주어 어린 아이와 여자들에게 쓰면 아주 효과적이다.

아기용 상품 광고카피에 등장한 보들보들, 매끌매끌, 뽀송뽀송, 오래오래 등. 이 얼마나 감칠맛 나는 카피인가? 특히 어린이와 젊은 여자들에게는 효과적이다.

의미론으로 유명한 미국의 하야가와(Hayakawa S.I.) 박사는 어감의 중요성을 인식하였다. '인간은 언어 내용을 듣는 것이 아니고 이야기의 울림을 즐긴다'는 사실을 지적하였다.

그에 의하면 고양이나 개도 손으로 가볍게 다독거려 주는 것을 좋아하듯이 일정한 간격을 두어 언어로 가볍게 다독거려 주는 것을 좋아한다. 어감이 지닌 이러한 작용을 '언어의 최면술'이라고 한다.

• 남영 비비안 광고: 헤드라인에 '오래오래'라는 리듬 있는 단어를 사용함으로써 머릿속에 볼륨 자신감을 오래도록 지킬 수 있다는 이미지가 생생하게 그려진다.

♣ 카피와 명언

- 꼬들꼬들 해표멸치. (해표멸치)
- 아슬아슬함이여, 안녕! (미라젤)
- 입안이 두근두근. (하디스)
- 속이 통통, 맛도 통통. (통통만두)
- 몰래몰래, 입술水술. (에뛰드스타일립스)
- 시원시원 바닷가, 아슬아슬 눈가 (보브 사인섀도우)

5. 여자는 '미래형'보다 '현재형'에 약하다

남자는 현재와 미래를 보고 살고, 여자는 과거와 현재를 보며 산다는 얘기가 있다.* 또 여자의 직감은 과거 체험을 바탕으로 유추 되는 것이라는 말도 있다.

과거는 결과의 좋고 나쁨에 관계없이 사실로써 존재한다. 과거는 확실한 것이나. 반면에 미래는 어떻게 될시 상상도 할 수 없기 때문에 나냥 불안할 뿐이다. 그래서 불확실한 미래는 피하고 싶은 것이다.

여자에게 사랑 고백을 하거나 어떤 결심을 나타낼 때, 내용을 되도록 현재형으로 해야 한다. 이를테면, '나는 당신을 행복하게 해줄 수가 있을 것입니다'라는 미래형이 아니라 제가 당신을 '행복하게 해 주겠습니다'라는 현재형으로 말해야 안심한다.

왜냐하면, 여자들은 미래의 여왕보다는 현재의 평범하면서도 안정된 행복을 바라는 경향이 보다 우세한 경우가 많기 때문이다.

또 하나의 예를 들어보자. '여자의 충동구매'. 갖고 있는 현금이든 카드건 관계없이, 다음 달에 집안에 돈 쓸 행사가 있든 없든, 남편 보너스가 나오는 달인지 아닌지 생각할 겨를 없이 지금 내가 원하는 물건을 구매하면 마냥 행복한 것이다.

이것은 남자보다 기분에 좌우되는 경향이 강하기 때문에 내일을 생각하지 못한다. 그래서 충동구매 유혹에 잘 빠져든다.

---

* 후꾸시마 찌즈고, 동방기획 역, 여자를 알면 돈이 보인다, 동방기획, 1996.

〈비싼 상품을 사게 하는 트릭〉

- 고가 상품: 일반적으로 침대, 가구, 전기전자 제품 등 내구성 소비제품은 낮은 가격대부터 보여주고 고가격으로 끌어 올리는 전략이 효과적임.
- 저가 상품: 반면에 일용품과 화장품, 주방용품 등 경우에는 우선 비싼 상품을 먼저 보여주고 점차로 싼 상품으로 옮겨가는 것이 효과적임.

- 스마트 폰 홈페이지 제작사 광고: 사업가 부부의 골치 아픈 문제. 이들에게 문제해결 방법을 현재형으로 약속한다.

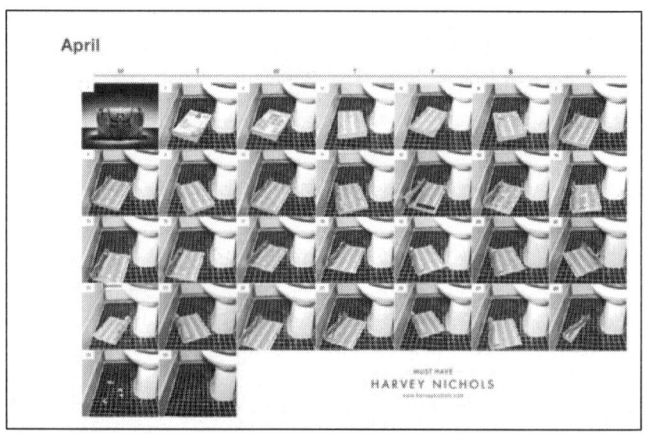

- 영국의 고급 백화점 Harvey Nichols 광고: 4월 첫 날(현재)에 명품 백을 구입하고 그 여파로 한 달 내내(미래) 화장지 대신 전화번호부를 뜯어 쓰는 한이 있더라도 '이건 꼭 사야한다'는 메시지다.

6. 여자는 '너'에 약하다

 미국의 사회 심리학자들이 '어떤 단어를 사람들이 가장 많이 쓰는가'를 조사하였다. 전화 통화를 1분씩 녹음해서 분석한 결과 '나(I)'라는 말이 가장 많았고, 그 다음이 '당신(You)'이었다.
 그 말 이외에 '사랑(Love)'이 3번째로 나타났다. 누구나 가장 큰 관심은 역시 자신이고, 그 다음이 상대방과 사랑이다.

● 레모나-C CF: '너'라는 말은 여자 마음을 찌르는 사랑의 언어다. 그렇다고 아무 여자에게나 남발해서는 안 된다.

 바로 TV 앞에서 광고를 보는 시청자에게 당신, 너라고 말하는 게 효과가 있다. 구체적으로 말해 주면 효과적인데 예를들면 '사랑해'보다는 '당신을 사랑해', '당신을 사랑해'보다는 직접적인 '너를 사랑해'가 더 듣기 좋고 달콤하다.
 또한 너라는 말은 두 사람 사이에 간극이 없다는 의미이다. 이렇게 한 사람에게 말을 건네는 것이 훨씬 친밀감이 생겨난다.

유명 가수 히트곡 '너를 사랑해'라는 노래제목도 있지 않은가. 당신보다 '그대', 그대보다, '너'가 좋다. 너라고 하면 반말로 여겨 여자가 화를 낼 것이라고 생각하겠지만 그것은 가슴으로 듣는 사랑의 언어다.

〈친밀도를 높이는 언어의 예〉

① 나는 혜교 씨를 좋아합니다.
② 나는 당신을 좋아합니다.
이 경우에는 「혜교 씨」라고 상대 이름을 말하는 것이 더 친밀도를 높인다.

① 나는 혜교 씨를 만나고 싶습니다.
② 나는 혜교 씨를 만나지 않으면 안 됩니다.
이 경우에는 「~하지 않으면 안 된다」라는 말이 의무감을 느끼고 강한 기대를 갖게 한다.

● 배달의 민족 광고: 광고 목표 타깃에게 '경희'와 '너'라고 마치 나한테 말하듯이 콕 집어서 말해 준다. 여자들은 오직 너라는 말에 안정감 갖고 이 광고에 관심을 갖는다.

♣ 카피와 명언

- 유투존 세일! 너 아니? (유투존)
- 너를 위해 준비했어. (오라클 성형외과)
- 은정아! 진천 보탑사에 꽃 구경갈까? (충청북도 관광 광고)

제6장 ‖ 여자와 쇼핑

1. 여자는 한정판매에 약하다

대부분의 여자들은 어렸을 때부터 자신은 선택되었다는 생각을 지니며 산다. 남들보다 두드러져 눈에 띄고 싶은 것이다. 바꾸어 말해서 남들보다 두드러져 보이는 것을 행복과 직결 시켜 믿는다.

이런 심리를 상술에 이용하여 선택 범위를 제한하면 선택 받았다는 느낌이 들기 때문에 긴박한 '한정 판매'라는 수법은 의외로 효과가 크게 나타난다.

홈쇼핑에서는 째깍째깍하는 초침소리를 들려주며 "물량이 얼마 남지 않았습니다" 혹은 "방송 중에만 이 가격"이라는 말로 한정된 상품이라는 느낌을 주며 구매를 재촉한다. 이처럼 '한정판매'라고 하면 거부할 수 없는 호소력이 생긴다. '한정판매'는 수량이 무한정 있는 게 아니라, 제한이 있다는 셈이 되니까.

또한 '0월 0일까지' 하는 파격적 세일이라면 한정 없이 하는 게 아니라 '0월 0일까지만 하고 안 합니다'라고 시기를 제한하는 인상을 주거나, '선착순 00명까지'라는 숫자에 제한을 붙여 응용하면 된다.

이러한 '제한적 상술'을 쓰면 그 00명 안에 들어감으로써 '선택 받았다'는 느낌이 들기 때문이다.

이 '제한'이란 것은 단지 소규모 가게에만 해당하는 것은 아니다. 제조업이든, 도매업이나 유통업이든 모두 응용할 수 있다.*

---

* 와타리 노리히코 저, 박문숙 역, 여자는 이럴 때 지갑을 연다, 독자와 함께, 1993.

● 허니버터 칩 광고: 한때 선풍적인 인기를 끌었던 허니버터 칩. 공급량이 부족하자, 한정판매라는 광고를 냈는데 오히려 구매욕구를 강화시키는 효과가 나타났다. 공급 일자와 시간, 장소를 구체적으로 표시해 두어 집중효과를 노렸다.

'이런 좋은 조건으로 판매하는 것은 0월 0월까지입니다. 0일 이후면 끝이 납니다', '이번이 마지막 기회입니다'라고 하여 빨리 사야겠다는 구매 자극 효과를 얻는다. '일부 품목은 조기에 품절될 수 있습니다'도 마찬가지다.

● LG WHISEN 광고: 여자는 선착순 판매나 한정판매 범위 안에 속해야만 비로소 안심한다. 이러한 심리기제를 '실패 회피 욕구'라고 한다. 4일간, 30대 한정에 충동구매 올가미에 걸리고 마는 것이다.

- 프로스펙스 광고: 한정판이 지닌 의미는 '희소성'과 '특별함'이다. 그러기에 누구나 쉽게 가질 수 있는 상품이어서는 안 된다. 오마주 김연아의 스페셜 리미티드 에디션 스포츠화.

♣ 카피와 명언

- 점포정리, 초특가 세일. (점포의 세일 판매 카피)
- 갖고 싶은 것을 사지 마라. 꼭 필요한 것만 사라. (벤자민 프랭클린)
- 사는 재미가 없으면 사는 재미라도 있어야 한다. (난다: 어쿠스틱 라이프)

2. 여자는 공짜와 덤에 약하다

'세상에는 공짜가 없다'는 이 말은 진리인데도 많은 사람들은 여전히 공짜를 좋아한다. '공짜라면 양잿물도 마신다'는 우스갯소리가 있다. 이 농담은 공짜가 갖는 효과를 단적으로 보여주는 말이다. 특히 여자에게는 그렇다.

어떤 슈퍼마켓이 오픈 하는 날, 방문 손님 모두에게 사은품을 공짜로 준다는 전단광고를 내보냈다. 그날 슈퍼마켓 앞에는 100여 미터나 줄을 섰는데 남자는 나이든 몇 사람만 줄 서 있었다.

신상품을 소개할 때나 상품 이미지를 쇄신하거나, 상품 사용 습관을 바꾸고자 할 때는 공짜(견본 제공)로 나누어 주는 것이 좋은 방법이다.

사용자가 직접 사용해 보고 그 상품에 대한 평가를 할 수 있기 때문에 가장 확실한 판촉 방법이다. 특히 화장품 회사들은 공짜로 견본 제품을 많이 배포하여 판촉 효과를 얻는다.

여성 잡지사에서 실시하는 경품을 보면 3대 부록이니 4대 부록이니 하는 별책 부록을 경품으로 주는 판촉 행사는 자주 접할 수 있다.

비단 여성잡지뿐만 아니고 많은 상품에는 이 경품이 따른다. 일반가정에서 경품으로 받은 컵이나 그릇세트 하나쯤 없는 집은 없을 것이다.

여자는 같은 값이면 경품을 주는 것을 사는 습성이 강하다. 휴대용 티슈 하나라도 경품이 있으면 상품 판매에 유리해진다.

이것을 미국의 안트(Arndt)라는 학자는 '릴레이션십 마케팅(Relationship

Marketing)'이라 명명했다. 많은 기업들은 미래의 고객을 놓고 '오늘 한 푼 손해 보더라도 내일 두 푼을 벌어들이는' 판촉 활동을 실시한다.

프로야구단의 어린이 팬클럽, 여고생들의 요리실습 학습 때 식품회사들의 상품 제공, 미혼여성을 대상으로 하는 가전사들의 예비신부교실 또 의류회사들이 회원들에게 발송하는 생일 축하카드, 세일정보안내, 할인상품 우선 구매행사 등의 활동도 같은 맥락이다.

- 크린토피아 광고: 정장 한 벌을 세탁하면 와이셔츠 한 벌 세탁이 무료다. 얼마나 큰 이득인가. 이처럼 여자가 공짜와 무료에 약한 것은 그것이 '드물게 오는 기회', '언제나 이익을 보고 싶다'라는 심리 때문이다.

♣ 카피와 명언

- 얼마냐고 했더니 무료라고 했다. (한샘)
- 롯데카드가 롯데마트에서 공짜로 팍팍 쏜다! (롯데마트)
- 공짜 치즈는 덫 안에 있다. (지스 지글러)
- 나는 다른 사람이 주는 술을 마시는 게 제일 좋다. (영국속담)

3. 여자는 '싸구려'보다 '이익이다'라는 말에 약하다

여자는 본능적으로 물건 사는 일에 대해 굉장한 연구와 노력을 한다. 또한 물건을 싸게 잘 사고 싶다는 마음을 항상 가슴 속에 담아두고 거리를 다니며 정보를 얻는다.

그래서 세일이나 덤핑 세일에 큰 관심과 흥미를 나타내고 그런 정보를 다른 사람에게도 제공한다.

세일이나 덤핑 세일 때 슈퍼마켓과 백화점에 판에 박은 듯한 세일즈 용어가 몇 가지 있다. 그 중에서 '굉장히'하는 말이 으뜸이다.*

'굉장히 이익입니다', '평판이 매우 좋습니다', '요즘 대유행입니다' 이런 식으로 '굉장히', '매우' 등을 연발 하면 소비자도 정말 굉장하게 생각한다.

여자는 2~3분 사이에 이 '굉장히…'를 서너 번 듣게 되면 어느새 대단히 좋은 상품이라고 단정한다. 그야말로 '이걸 안사면 손해야'하는 마음이 굳어진다.

여기서 잠깐 주의해야 할 카피가 있다. '굉장히 쌉니다' 할 때의 '싸다'라는 말이 여자들에게 역효과라는 점이다.

특히 주위에 다른 사람이 있을 경우에는 더욱 더 싸다는 말을 입 밖에 내서는 안 된다.

---

* 와타리 노리히코 저, 박문숙 역, 여자는 이럴 때 지갑을 연다, 독자와 함께, 1993.

반드시 '이익'이란 표현을 써야 한다. 이때에 가격이 낮은 이유를 알려주면 더욱 효과적이다. 예를 들면 '이월 상품 판매' 또는 '약간의 스크래치 상품' 심지어 '폐업 판매'도 가능하다. 염가판매를 설명해 주는 데 있어서 무엇보다도 중요한 것은 '어떻게' 값이 내렸는지를 말해주어야 한다.

'특별염가: 100,000원 짜리를 단돈 39,800원에', '3만8천 원짜리 제품이 2만5천 원! 1만3천 원이나 쌉니다'처럼 원래 가격에서 현재 가격까지 낮추어진 일련의 가격표로 표시해 준다. 피해야 할 방식은 '이 물건은 20% 쌉니다' 하는 것이다.

1만 원 짜리가 20% 싸면 8,000원이라는 것을 쉽게 알 수 있지만 1만 6,500원 짜리가 20% 싸면 도대체 얼마인지 정확히 계산할 수 없는 사람이 대부분이다. '싼 물건을 사겠다', '1원이라도 이득을 보겠다'는 여자의 적극성은 대단한 것이다.

그러나 다른 사람들 앞에서 싼 물건을 권유 받고 싸구려를 샀다는 자신을 내보이고 싶지 않은 것이 여자들의 자존심이다. 그 자존심에 상처를 내기 않도록 하기 위해서 '싸다'와 '싸구려'라는 말은 삼가 해야 한다.

이 경우에는 반드시 '이익'이라는 표현을 써야 한다. '이익'이라는 표현 속에는 가격이 '이익'이라는 것과 품질과 성능이 '이익'이라는 양면성을 포함하므로 어느 정도 구제 받는 느낌을 갖는다. 특히 고가품일수록 '싸다'라는 말은 절대 금물이다.

- 신세계 No Brand 광고: 브랜드는 없애고 가격을 낮춘 즉, 가격대 성능비가 높은 No Brand 상품 광고다. '싸다'는 것은 물론 '경제적'이라는 말조차도 표현하지 않았다.

- 한국도자기 광고: 할인판매 광고 카피를 '특별한 가격'으로 표현하여 여자의 자존심을 지켜준다. 싸게 팔 때는 싸게 파는 이유가 무엇인지 또 무슨 결점이 있는지를 말해 주어야 반응이 나온다.

♣ 카피와 명언

- 에어컨은 겨울에 준비하는 것이 가장 경제적입니다. (LG휘센)
- 똑같이 5만 원 이상 써도 가입 즉시 월 최대 2만5천원 할인 SAVE 요금제. (LG텔레콤)

4. 여자는 구체적인 목표가 있어야 적극적으로 행동에 나선다

심리학에 '고울 다이렉티드 비헤이버(Goal Directed Behavior)'라는 용어가 있다. 인간은 목표가 있으면 그 목표를 향해 행동이 적극적으로 된다.

목표가 구체적이면 구체적일 수록 그 경향이 강해진다. 그래서 특별히 남자뿐만 아니고 구체적인 목표가 있으면 여자나 어린아이들도 행동이 적극적이다.

늦잠 때문에 남편의 아침 식사도 제대로 차려주지 못하는 주부가 백화점 50%세일이나 한정 판매 시에는 이른 새벽부터 일어나 분주하게 준비해서 백화점 개점 시간 전에 도착하기도 한다.

세일 기간 동안에 시내 중심가 백화점 부근은 교통이 마비된다.* 고가 제품들이 반값으로 팔린다고 생각해보자.

소비자들은 아마도 반값 정도는 벌었다고 생각할 것이다. 사실 세일 가격 자체가 비싼 것인데도, 사람들은 평소 가격과 비교해서 차액만큼 벌었다고 생각한다.

이러한 고객들의 심리를 이용해 매상을 올리려고 세일 광고에는 '세일 기간 이후에는 정상 가격으로 환원 됩니다'라는 문구를 삽입한다. 그래서 평소에 고액의 정가가 붙은 상품일수록 세일 기간에는 많이 팔리는 것이다.

---

* 이민규, 생각을 바꾸면 세상이 달라진다, 양서원, 1996.

- 영국의 고급 백화점 Harvey Nichols 세일 광고: 영국 최고급 백화점 고객들도 세일 판매하는 셔츠를 서로 집으려고 아우성이다. 여자에게 옷은 심리적 보상이다. 자신이 모자라는 신체적, 심리적 부분을 비싼 옷, 좋은 스타일의 옷을 통해서 보충하려 세일에 큰 관심을 갖는다.

- 영국의 고급 백화점 Harvey Nichols 세일 광고: 여자 발목에 큰 상처가 났다. 그 이유는 백화점 세일에서 서로 먼저 맘에 드는 상품을 집으려다가 난장판 몸싸움이 벌어졌기 때문이었다. 여자가 가장 싫어하는 것은 '손해를 보는 것'인데 이를 남에게 빼앗기면 잠 못 이룬다.

목표가 추상적이거나 너무 이상적이면 거의 효과를 기대할 수 없다. 예를 들면 '살 빠지는 약 OOO제를 한 달간 복용하시면 몸매가 날씬 해집니다'라는 것보다 '12주 후에 10kg의 감량효과를 확인할 수 있는 OOO

제'라고 해야 한다.

그러면 자신의 현재 체중에서 10kg을 뺀 날씬한 몸매를 상상하면서 즉시 구입하게 된다. 목표는 구체적이거나 현실적이어야만 효과가 나타난다.

- 다이어트 팻 광고: 여자는 이 광고모델 몸매를 보면서 올 여름에 이렇게 날씬하게 살 빼서 멋진 몸매로 바닷가나 수영장에 가는 모습을 상상하며 의욕을 다진다.

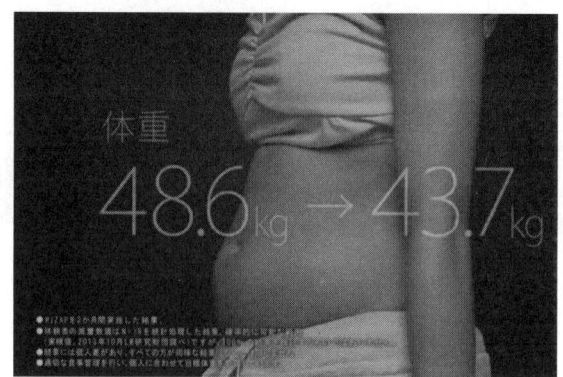

- 일본 휘트니센터 광고: 체중을 무려 4.9kg나 빼 줄 수 있다는 구체적인 목표를 제시하였다. 이 광고를 본 여자는 당장 신청을 하게 된다. 살을 빼려는 이유는 체중감량이라는 본질보다 다른 사람들처럼 예뻐지고 싶다는 마음에서다.

5. 여자에게 값싸고 편리하다고 해서 잘 팔리는 것은 아니다

인간은 즐거운 일 뒤에는 거기에 비례하여 죄책감을 갖는다고 한다. 한 다른 식품회사에서 인스턴트 빵 가루를 개발하였다.*

물에 반죽만 하면 곧바로 빵을 구울 수 있다는 '간편함'을 판매 전략으로 들고 나왔다.

그러나 좀처럼 매상이 늘어나지 않았다. 그 원인은 빵 가루 구매자인 주부들이 인스턴트식품은 게으른 사람이나 사는 것이라는 이미지를 갖고 있었기 때문이다.

그래서 '계란을 넣어 사용 하십시오'라고 했더니 매출이 크게 늘었다. 어떠한 상품도 소비자는 편리함과 동시에 '저항감'을 갖고 있다.

그래서 편리함을 아무리 강조해도 저항감을 제거하지 않으면 매출로 연결되지 않는다.

'사람 마음속에는 쾌락과 죄책감이 항상 충돌한다. 광고는 상품판매 보다도 오히려 소비자에게 도의적인 안심감을 부여하는 데에 상당한 비중을 두어야 한다'고 미국의 심층 심리학자, 디히터(E. Dichter) 박사는 말한다.

여자에게 가격이 '싸다거나, 편리하다'라는 것만으로는 구매의욕을 일으키지 못한다.

---
* 최광선, 재미있는 생활심리, 기린원, 1994.

- CJ 햇반 광고: 주부는 가족들에게 인스턴트식품으로 식탁을 차려주면 죄책감을 갖는다. 이 광고에서는 엄마가 갓 지은 밥처럼 정성을 다해 잘 만들었다며 죄책감을 없애주기 위해 '미안해하지 마세요'라는 말로 격려한다.

- 동양매직 식기세척기 광고: 편리한 식기 세척기를 사용함으로써 시간이 절약된다고 말해서는 안 된다. 절약되는 시간에 딸아이와 함께 요가를 하며 즐거운 보낼 수 있다고 말하는 것이 효과적이다.

● 전통 찌개된장 광고: 헤드라인 '야채만 넣으면 된장찌개가 나온다!' 인스턴트 식품에 대한 저항감을 없애려 마지막에 야채를 넣을 수 있도록 하였다.

♣ 카피와 명언

- 많은 여성들에게 쇼핑은 일종의 스포츠다. (지니 세일즈)
- 쇼핑의 핵심은 자신의 정체성을 발견하고 정체성을 더욱 세련되게 만드는 일이다. (토머스 하인)

6. 여자는 특징보다 이로운 점에 약하다

　판매 전략이란, 한마디로 타 상품과의 차별화이며 어떻게 하면 타 상품을 밀어내고 우리 상품을 사게 하느냐는 것이다.
　타 상품을 밀어내고 우리 상품을 사게 하려면 소비자가 바라는 타 상품에 없는 그 어떤 특성이 필요하며, 그것을 부가 하는 것이 바로 판매 전략이다.
　이 특성을 어떻게 하면 공감을 갖도록 어프로치하느냐가 판매 전략에 근거한 광고 표현 전략이다.
　이 정책을 반영하고자 무조건 우리 회사 상품의 특장점만을 세일즈 포인트로 강조하는 경향이 많다. 다른 회사 상품과는 이 부분이 다르고, 이런 부분은 특허 출원 등 구조나 기계적인 것을 자랑삼는 회사들이 많다.*
　심지어는 우리 회사는 최신 기계 도입으로 일관성 있는 자동 생산 운운하는 기술적 PR을 판매 전략으로 하는 회사들도 간혹 있다.
　여자에게는 이렇게 팔려고 해서는 안 된다. 이 상품을 사용함으로써 얻는 편익과 혜택 또는 이로운 점을 팔아야 한다. 이로운 점이란 이익이며, 고객에게 이익을 주는 것이 된다. 흔히 이것이 특장점으로 잘못 대체되고 있다.
　노벨상을 수상한 공학박사가 발명했다느니, 획기적인 기술이라느니

---

* 와타리 노리히코 저, 박문숙 역, 여자는 이럴 때 지갑을 연다, 독자와 함께, 1993.

하는 것은 별 상관이 없다. 소비자 욕망을 진실로 자극 시킨 것은 바로 상품 그 자체이다. '어떤 소비자에게 어떤 이익을 줄 것이냐' 하는 것이 가장 중요한 과제이다.

특장점과 이로운 점을 서로 혼동하면 안 된다. 남자에게 판매할 때는 그 상품의 특장점을 설명하면 대체로 납득한다.*

하지만 여자는 그렇지 않다. 여자는 손해인지 이익인지와 거기에 더해 좋은지 싫은지로 판단하기 때문이다.

좋은지, 나쁜지는 머리로 판단하는 것이고, 좋은지 싫은지는 마음으로 판단하는 것이다. 즉, 여자에게는 부가가치를 강조해야 한다.

● 퀵크린 광고: 여자에게는 타일의 묵은 때를 잘 지워주는 성분이나 뛰어난 특장점에 대해서는 말할 필요가 없다. '힘 안 들이고 얼마만큼 깨끗해졌느냐'가 중요한 문제다.

---

* 사쿠라이 히데노리 저, 윤정란 역, 여자를 알아야 성공을 잡는다, 행담, 1996.

- 비너스 Nudy 광고: 속옷 입은 티가 전혀 나지 않는 특장점 말하기보다는 그런 속옷을 입음으로써 얻는 소비자 편익과 혜택을 표현해야 한다. '안 입은 척...여우같은 것들!'

단독 주택이나 빌라를 팔 때, 이 집은 최신 기술 공법인 00식으로 지은 집… 등으로 설명해 봤자 소비자가 건축의 문외한이라면 '쇠귀에 경 읽기'. 이때에는 '목욕탕 타일은 2중으로 붙어 있습니다. 추운 겨울에도 뜨거운 물이 잘 식지 않습니다.

댁의 귀여운 아기가 목욕하다가 감기에 걸리는 일도 없고 사랑하는 남편이 저녁 늦게 퇴근하여 목욕하더라도 따뜻한 목욕물이 그대로 남아 있으니까 난방비도 절약할 수 있습니다'라고 해야 한다.

그렇다면 여자들이 원하는 이점이란 어떤 것들인가?*

① 그것을 사용하면 좀 더 매력적으로 보일까?

② 그것을 갖게 되면 사회적 지위를 과시를 수 있을까?

③ 모성 등의 기본적인 본능을 만족시켜 줄까?

④ 그것을 구하면 안정감을 얻을 수 있을까?

⑤ 그것을 사면 좀 더 자신감을 향상시킬 수 있을까? 등을 들 수 있으며 이러한 것들을 마음속 어딘가에서 기대한다.

---

* 히데노리 사쿠라이 저, 김도희 역, 여자의 지갑을 열게 하라, 오월, 1994.

- 청호나이스 광고: 엄마는 뱃속의 아기 건강도 생각해야 한다. 태어나기 전부터 역삼투압 6종 필터의 7단계 정수시스템으로 만든 깨끗한 물을 마셔야 한다고 설득한다.

- 니베아 태닝 스프레이 광고: 언제, 어디에서든지 니베아 태닝 스프레이만 있으면 해변에서 태닝 하는 것과 같은 효과를 볼 수 있다는 콘셉트이다.

• IKEA 가구 광고: 여자에게는 상품 특장점을 설명해 주는 것 보다 한 눈으로 확인시켜 주는 게 보다 효과적이다. IKEA 가구는 주방과 거실, 그리고 아이들 방을 실제로 꾸며서 보여주므로 이로운 점을 한 눈에 확인할 수 있다.

제7장 ‖ 여자와 나르시시즘

1. 여자는 자기도취를 즐긴다

여자는 자기도취 경향이 매우 강하다. 자기도취란, '자기 자신을 지극히 사랑하는 나머지 자기 중심적적인 사고방식으로 자만에 빠지는 현상'을 말한다.

여자들은 유리나 거울에 비친 아름다운 자신을 보고자 하는 생각이 있는데, 이것은 자기도취의 잠재의식 때문이다. 남녀관계에서 자신이 러브 스토리의 주인공이 되고 싶어 하는 이러한 것은 20대 여성이라면 아마 10명 중 8, 9명은 여기에 해당하는 공통 심리일 것이다.

● 비비안 광고: 여자는 자신의 속옷이 남편이나 애인 눈에 띌 것이라는 생각을 갖는다. 그래서 디자인과 원단 소재가 최고급이며 값비싼 란제리도 무리 없이 선뜻 구매한다.

자기도취가 강하다는 것은 자기중심적, 자신이 생각하는 대로 이루어진다는 긍정적 사고, 나 자신은 중요한 인물이며 유능하고 미인이라는 자신감이 강하다는 것을 말한다.

왜, 여자는 남자보다 자기도취가 강할까? 지금까지의 사회문화가 남성 지향적이기 때문이다. 성장하면서 부모 또는 남자로부터 보호를 받으면서 살아왔기 때문이다. 즉, 응석을 받아주는 문화에서 성장했다. 특히 많은 여자들이 자기 자신의 몸매에 대한 나르시시즘적 도취에 빠져 있는 것 같다.

물건을 살 때도 여자는 남자 눈에 띌 것이라고 생각하면서 물건을 고른다. 그렇지 않다면 그렇게 많은 종류의 란제리가 어떻게 소비되겠는가. 여자만의 이 특권적인 나르시시즘을 알지 못하면 여자들의 속옷에 대한 의혹은 풀길이 없다.

일반적으로 자기도취는 성장하면서 감소된다. 유아기 때처럼 떼를 써도 안 되는 일이 있다는 것을 깨닫고, 차츰 남의 입장에서 자신을 보게 된다. 하지만 자기중심적, 자만심이 줄어드는 정도가 남자보다 적다.

그래서 여자의 자기도취적 성향은 나이를 먹어도 좀처럼 줄어들지 않는다. 이러한 여자 심리를 이용하여 광고를 할 때는 적당하게 나르시시즘 요소를 가미하면 카타르시스가 이루어져 효과를 본다.

- 원더브라 광고: 헤드라인은 "나 요리 못해, 그래서 어쩔래?" 자신의 볼륨감 있는 가슴에 반하고 또한 자신이 있기에 여자로서 다른 부족한 부분들은 대수롭지 않게 여긴다.

● 디오르 쁘아죵 향수 광고: 둥근 거울을 바라다보는 여자 모델. 이는 자기 자신의 내면을 들여다보는 행위이며 향수를 뿌린 자신이 다른 사람들에게 어떻게 느껴질 것인가를 확인하는 중이다.

● 레이디 가가 페임 향수 광고: 세계적 유명 여가수 레이디 가가가 향수모델로 나타났다. 향수 페임을 뿌리면 멋진 근육질 남자들이 자신의 매력에 빠져들 것이라는 근거 있는 자신감을 비주얼로 표현하였다.

2. 여자는 자기 과시욕이 강하다

여자는 자기 현시성이 강하다. 바꿔 말하면 '남의 눈에 띄고 싶다'는 것이다. 항상 남이 추켜 세워주지 않으면 마음이 놓이질 않는다.

그래서 여자는 상대방을 판단할 때, 겉모습만으로 전체를 판단하는 경향이 있다.

남자와는 달리 여자는 그 사회적인 스테이터스 심볼(Status Symbol)을 겉모습에서 찾는다.

그러한 겉모습 스테이터스 심볼을 얻기 위해 열성을 보인다. 예를 들면 해외 유명브랜드 상품으로 치장하면 자신이 일류인간이 되었다고 여긴다. 또 그러한 일류 상품을 갖고 있는 사람을 훌륭한 사람이라고 판단한다.

즉, 루이비통 백을 들고 다니면서 기존에 루이비통 백을 들고 다녔던 사람들의 이미지를 떠올리고, 그 사람들과 내가 같은 소비자 집단이 되었다는 환상을 갖는다.

이렇게 고급 상품, 유명 브랜드를 통하여 자신의 후광을 나타내려는 심리기제를 '파노플리 효과(Effect de Panoplie)'라고 한다.

이런 과시적 소비는 '자아확대의 욕구' 때문이다. 자기 본래의 모습과 실력보다도 그 이상으로 남에게 평가 받고 싶다는 자기 현시성의 강도가 강해져 있는 자신의 모습을 만들어 내는 것이다.

- 루이비통 광고: 루이비통 심벌마크 패턴은 여자들은 익히 잘 알고 있다. 이 명품 루이비통 백을 들고 다니면서 실용적 욕구와 자기 과시적 욕구를 동시에 충족하게 된다.

- BVLGARI 광고: 광고카피는 '경쟁하지 않는 것이 우리의 경쟁력이다' 더 이상 다른 명품들과 비교를 거부한다는 자기존경 욕구의 메시지인데 명품 목걸이와 반지를 과시하고 싶은 욕구의 다른 표현이다.

♣ 카피와 명언

- 세상은 당신이 사는 곳을 동경합니다. (롯데캐슬)
- 요즘 어떻게 지내냐는 친구의 물음에 그랜저로 대답했습니다. (현대자동차)
- 나, 이대 나온 여자야. (영화, '타짜' 대사)
- 화장발이면 어때? 예쁘면 그만이지. (한불화장품)
- 여자는 자기의 외모를 가장 중히 여긴다. (탈무드)

3. 여자는 사진 찍히기를 좋아한다

많은 여자들이 전문 사진작가한테 사진을 찍고 싶어 한다. 예쁘게 보이고 싶어 하는 심리 때문이다. 어느 유명한 누드 사진작가가 있었다. 한 친구가 "여자 모델을 구하느라 많은 돈이 들었을 텐데 부담이 되지 않느냐?"는 질문에 누드 사진작가는 이렇게 대답하였다.

"나는 모델료를 지불한 일이 없네! 그 비결은 당신의 아름다운 몸매를 작품에 담고 싶은데 모델이 되어 주시겠습니까?"라는 이 한마디면 모두 응해주었다고 했다.

여자는 사진 찍히기를 무척 좋아한다. 카메라에도 약하지만 사진 그 자체에도 마음이 약한 것 같다.

요즘 신혼부부들은 결혼식 전에 고궁 혹은 공원 등에서 야외촬영을 많이 한다. 그 제안은 거의 대부분 여자에 의해 이루어진다. 가장 멋진 사진 한 장을 대형액자로 만들어 집안 벽에 걸어둔다.

야외 촬영사진 앨범 1권, 결혼식 당일 촬영한 사진 앨범 1권, 결혼 전까지의 사진 앨범 2~3권 정도는 기본적으로 갖고 있다. 적게는 몇 십만원, 많게는 몇 백 만원까지 비용이 소요된다.

최근에는 자신의 알몸을 사진에 담는 신세대 여성들이 부쩍 늘고 있다. 전에는 상상도 못했던 해외 토픽에서나 보고 듣던 얘기가 이제 우리 가까이에서 벌어지고 있다.

이는 젊은 날의 '꿈'을 알몸 사진과 함께 고이 간직하려는 계산이 깔려 있다는 분석이다. 자기표현이 과감해진 신세대 여성들은 작품으로서의 누드 사진을 찍는 데도 주저하지 않는다.

자신의 알몸을 작품으로 간직하고 싶다는 감상적인 감정과 영상물에 대한 허영심이 한몫을 차지한다고 할 수 있다. 이렇게 사진 촬영을 좋아하는 여자들의 마음을 놓쳐서는 안 된다.

● 웨딩회사 엘 스튜디오 홍보 동영상: 여자가 사진 찍히기를 좋아한다는 것을 단적으로 보여주는 현상이 웨딩 촬영이다. 또한 젊었을 때, 자신의 아름다운 모습을 간직하기 위한 누드 촬영 열풍도 몇 년 마다 반복해서 유행하기도 한다.

- 소니 카메라 광고: 헤드라인은 '예뻐지는 카메라'. 여자는 예뻤던 자신의 모습과 여행지 등의 풍광을 자세하게 기억하기 때문에 사진을 찍어두어 언제라도 추억을 회상하며 즐기려는 심리가 강하다.

♣ 카피와 명언

- 여행을 떠나는 옷은 사진에 남는 옷이다. (일본 세이부 백화점)
  카피 의미: 여자들은 항상 옷이 부족하다고 생각한다. 여행준비 하면서 옷을 고르는 데 맘에 드는 옷이 없어 세이부로 발걸음을 옮기도록 하는 힘이 있는 카피다.
- 사진을 보여줬다. 놀라는 눈치다. (캐논 EOS 66)

제8장 여자의 5가지 욕망

1. 여자는 신데렐라 꿈을 갈망한다

 미국의 뛰어난 문필가, 콜레트 다울링(Colette D.)은 자신의 배경과 능력으로는 사회적으로 높은 위치에 오르기 어려울 때 자립하여 사회적인 성공을 얻기보다는 백마 탄 왕자님을 만나 도움을 받고, 의지하고 싶은 여자의 내적 심리를 '신데렐라 콤플렉스'라고 명명하였다.
 세계에서 가장 많이 영화화된 이야기도 바로 신데렐라(샬루 펠로우 작) 만화영화다. 무려 100여 회나 영화로 만들어졌다고 한다.
 여자는 나이를 불문하고 '백마 탄 왕자님'을 기다리는 기대 심리는 항시 마음속에 자리한다.

> **신데렐라 콤플렉스Cinderella complex란?**
>
> 자신의 배경과 능력으로는 사회적으로 높은 위치에 설 수 없을 때, 여성이 자신의 인생을 180도 바꿔줄 왕자님에게 보호받고 의존하고 싶어 하는 여성의 심리를 말한다. 미국의 콜레트 다울링의 저서 '신데렐라 콤플렉스'에서 등장한 용어로 계모에게 학대당하던 아가씨가 왕자와 결혼하게 되는 내용의 동화 '신데렐라'에 연유한다.
>
> 즉, 자기 능력으로 자립할 자신이 없는 여성이 마치 신데렐라처럼 자기의 인생을 일변시켜 줄 왕자가 나타나가를 고대하는 여성의 의존 심리를 뜻하는 말이다. 이는 신데렐라 격 이야기를 담은 드라마를 봄으로써 대리 만족을 느끼고 나아가 그 이야기가 인기를 얻는 것에서 찾아볼 수 있다.

- 결혼 정보회사 듀오 광고: 헤드라인 '기다린다고 백마 탄 왕자가 오는 것은 아니다' 오늘날의 여자들은 백마 탄 왕자님 오기를 기다릴 만큼 수동적이거나 소극적이지가 않다. 이제 능동적이며 적극적으로 자신이 직접 찾아 나선다. 신데렐라 콤플렉스에 반한다.

- 월트 디즈니 포스터: 신데렐라 이야기는 여자들이 갖는 꿈이자, 로망. 여자를 마케팅 대상으로 삼는다면 신데렐라 소재는 영원히 활용하는 효과적인 소재다. 즉, 신데렐라를 연상시키는 디자인의 캐릭터나 그림을 보면 나이와 상관없이 설레는 것이다.

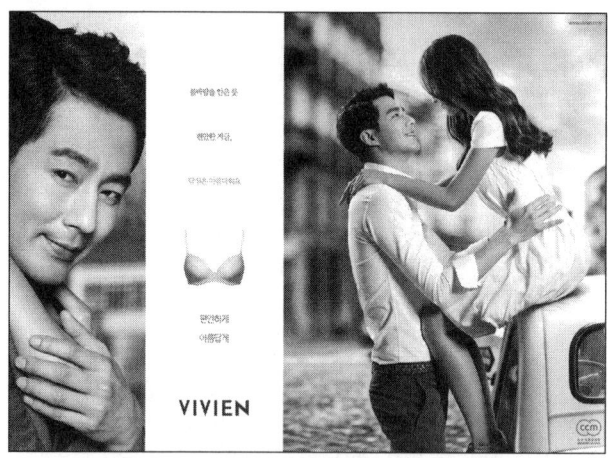

● 비비안 광고: 그 옛날의 백마는 오늘날로 치자면 하얀 자동차다.
신분과 재력을 갖춘 왕자님이 여자를 흰색 승용차 위에 올려 태워주며
신데렐라로 만들어 준다는 내용이 그대로 투영된 광고다.

● 제니스 성형외과 광고: 가슴이 작아서 프러포즈를 받지 못해 슬펐던 인어공주.
그런데 가슴성형을 하고 나서 왕자님으로부터 꿈에 그리던 프러포즈를
받고 자신 있는 표정을 짓는다.

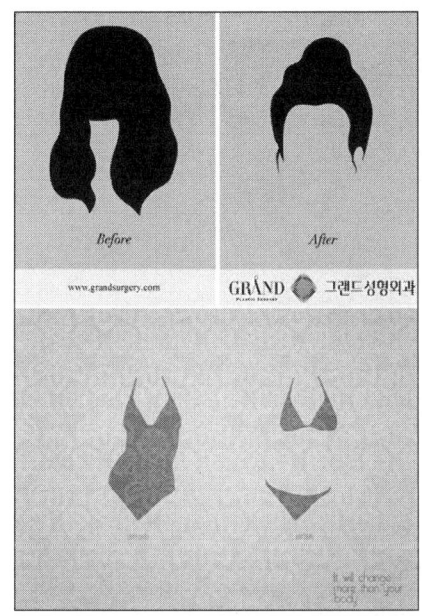

• 그랜드성형외과 광고: Before 와 After를 잘 보면 성형덕분에 업스타일이 가능하고 지방 흡입술 덕에 원피스에서 비키니 수영복이 가능하게 됐다는 콘셉트 광고다.

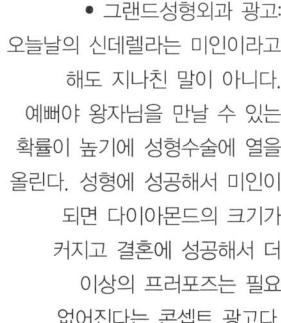

• 그랜드성형외과 광고: 오늘날의 신데렐라는 미인이라고 해도 지나친 말이 아니다. 예뻐야 왕자님을 만날 수 있는 확률이 높기에 성형수술에 열을 올린다. 성형에 성공해서 미인이 되면 다이아몬드의 크기가 커지고 결혼에 성공해서 더 이상의 프러포즈는 필요 없어진다는 콘셉트 광고다.

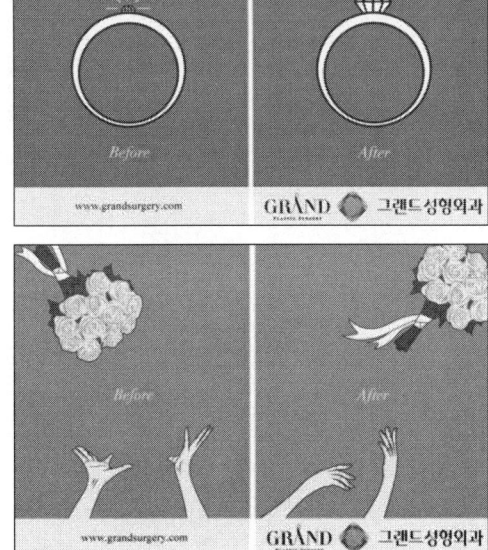

♣ 카피와 명언

- 동경만 힐튼호텔에서 신데렐라가 된다. (동경만 힐튼호텔 웨딩)
- 여자는 스캔들을 꿈꾼다. (동성제약 훼미닌스타일리스트)
- 영화처럼 사는 여자. (라네즈)
- 당신이 빛나는 주인공이 되는 곳. (롯데백화점)
- 트레아, 사랑은 아내를 애인으로 만든다. 늘 애인 같은 아내 트레아. (트레아 화장품)
- 동화처럼 살고 싶다. (동화자연마루)
- 여자가 그리는 동화 같은 무대. (동화자연마루)
- '미녀와 야수'에서와 같이 많은 여성들은 잘 생긴 미모의 남자를 좋아하기 보다는 남자다움, 힘센 야수를 사랑하는 것이다. 그리고 권력을 가진 단단한 남자를 흠모하는 것이다. (프란체스코 알베로니)
- 여자가 강한 남자를 갖고 싶어 하는 욕구는 동물과 다를 것이 없다. 영웅은 그래서 생겨난 것이다. (프란체스코 알베로니)
- 여자는 가슴 설레는 유혹을 받고 싶어 하지만 타이밍과 리듬을 고려하지 않는 구애는 성공하기 어렵다. 이쪽의 감정을 되는대로 내뱉어서는 만사가 헛수고로 돌아간다. (프란체스코 알베로니)

2. 여자는 남자에게
나의 기분을 이해 받기 원한다

여자는 '옳은 말을 하는 사람보다 이해해 주는 사람을 좋아 한다'는 말이 있다.

여자의 기분을 생각하지 않고 독선적인 말과 행동을 취하는 남자를 여자는 가장 싫어한다. 남자들은 여자의 마음은 복잡해서 알 수가 없다고 하는 사람이 있지만 여자도 남자도 기본적인 욕구에 있어서는 조금도 다르지 않다.

여자에게 가장 기쁜 일은 '마음을 헤아려 공감해 주는 것'이다. 말하지 않아도 헤아려 준다는 것에 여자는 기쁨을 느낀다. '무엇을 원한다'고 한 적이 없는데 남편이나 애인으로부터 바라던 것을 받으면 매우 감격한다. 비단 남편이나 애인뿐만 아니라 상품과 서비스로부터도 이해 받기를 원한다.

365일 되풀이되는 짜증스럽고 권태로운 집안일에 주부들은 점차 건강과 웃음을 잃는다. 바쁜 아침 출근 때 남편이 셔츠 다림질이 제대로 안되어 있다고, 아이는 반찬이 맘에 안 든다고 무심한 소리만 한다.

24시간이 짧기만 한 주부의 속도 모르고 … 이는 곧 가정의 화목을 위협할 수가 있다. 주부가 자신의 삶에 보람을 느끼고, 가사 일에 보람을 갖게 하기 위해서는 아내를 이해하고 인정해주어야 한다.

아내가 차를 끓여주면 '고마워요'하는 식으로 성의에 고마움을 항상 표현해 준다.

부부동반 모임에서 귀가하면 식탁에 앉아 "역시, 집이 좋아!"하면서 차나 맥주 한 잔을 청한다면 아내는 남편에게 인정받고자 하는 욕구가 채워진다.

마음속으로 아내에게 감사하고 있으면 되지 않느냐 하는 남자가 많은데 이것은 큰 오산이다. 마음속에 생각하고 있는 것이 직접적으로 전달되었을 때의 결과는 다르다.

여자는 애정을 매일 보여주기 바라고, 절대적인 신뢰를 받고 싶어 한다는 점을 알아두어야 한다.

● 천호식품 황후 백수오 TV 광고: 남편들에게 아내에 대한 사랑을 돌이켜 보게 한다. 광고 속 내포된 의미는 남편들에게 "아내에게 잘하고, 먼저 챙겨라"라는 당부의 메시지다. 여자에게는 위로의 말을 건네야 한다. 한 마디의 말이 평생의 기쁜 기억으로 자리 잡는다.

- 삼성카드 광고: 엄마이면서, 여자라서 일상생활이 얼마나 바쁘고 힘들겠는가. 남편은 물론 주변 사람들로부터 이해받고 위로 받기를 원한다. 삼성카드에서는 이런 여자들을 위한 카드를 출시했다.

♣ 카피와 명언

- 가끔씩 소녀로 사는 여자, 그녀가 원한다면 그렇게 돼야 합니다. (SK텔레콤 카라)
- 메텔처럼 아름다운 엄마, 그녀가 원한다면 그렇게 돼야 합니다. (SK텔레콤 카라)
- 그녀는 평생 사랑하기를 원합니다. 그녀가 원한다면 그렇게 돼야 합니다. (SK텔레콤 카라)
- 드라마는 그녀의 마음을 이해합니다. (KTF 드라마)
- 여자의 마음을 이해하는 이동전화는 KTF 드라마뿐입니다. (KTF 드라마)
- 지치고 힘들어 하는 아내에게 무슨 말을 해야 할까요? (교보생명)
- 점점 약해지는 부모님께 무슨 말을 해야 할까요? (교보생명)
- 여자는 아무리 행복한 결혼 생활을 하고 있어도 자기를 존중하는 남자를 발견하면 즐거워진다. (멘켄)

3. 여자는 생일과 결혼기념일에 약하다

여자에게는 '가치욕구'라는 감정이 있다. 즉, 자신이 좋아하는 남자로부터 타인에게 없는 가치를 찾아내고 만족한다는 심리다.

자신의 남자(혹은 남편)를 남에게 마음껏 자랑할 수 있는 가치(직업·여자에 대한 애정·재산·직위 등)를 갖고 싶다는 것이다.

여자는 자신이 중요하다고 생각하는 것을 남자는 하찮고 귀찮은 일로 치부해버린다고 생각한다. 그래서 가끔 과거에 자신이 말한 내용을 남자가 불쑥 말하면 여자는 감격한다.

그 선입관 때문에 자신이 이야기한 내용을 이 남자가 기억하고 있었다는 사실만으로도 강한 신뢰로 이어진다.

부부 사이에 1년 중 가장 기억해야 할 날을 꼽으라면 단연 결혼기념일일 것이다. 그 다음은 아내의 생일.

결혼기념일을 기억하는 것만으로도 의기양양한 우리의 남편들은 한 번쯤 생각해봐야 할 대목이 아닐 수 없다

아내 생일이나 결혼기념일에 분위기 있는 곳에서 맛있는 요리를 먹고 귀가할 때는 야간 드라이브라도 해보는 것은 어떨까?.

시간과 경제적으로 여의치 못할 때는 케이크 하나라도 사들고 일찍 귀가해서 '축하해 당신'이라고 말해주면 부인은 깜짝 놀란다. '그래도 내 남편이 나를 사랑하는 구나'라고 생각하고 다음날이면 친구들에게 신이 나도록 자랑하게 된다.

- 해외 꽃 배달회사 광고: 남편이 감히 아내 생일에 선물을 챙겨주지 않았다. 이에 분노한 아내는 남편이 애지중지하는 모형 범선과 오래된 포도주를 부숴버리고 값비싼 오토바이를 불태우려고 한다. 생일 꽃다발 하나만 준비했으면 일어나지 않았을 일을...!

일 년에 오직 하루만이라도 이렇게 성의를 표시해 주면 부족했던 364일은 이해해 준다. '자신을 특별히 사랑해 주고 있다'고 하는 가치욕구

제8장 여자의 5가지 욕망 135

를 확인하게 되면 여자는 만사 OK다.

이렇게 마음을 담은 작은 선물 하나가 여자 마음을 변화시킨다는 사실을 기억해야 한다.

- 네덜란드 꽃 배달회사 TV광고 마지막 스틸 장면: 퇴근한 남편이 집으로 가는데 갖가지 봉변을 당한다. 그 원인은 결혼기념일을 잊은 남편에게 화가 난 아내가 꾸민 일이다. 아내는 결혼식 그 날의 설레임을 그대로 느끼고 싶은데. 광고카피는 '결혼기념일을 결코 잊지 마라'

♣ 카피와 명언

- 잠깐! 사랑하는 아내의 생일을 기억하십니까? (현대백화점)

4. 여자는 '당신에게만', '당신이기 때문에'라는 말에 약하다

심리학에서 현재 자신이 소속되어 있지 않지만 그 집단의 일원이 되고 싶다고 생각하는 집단을 '준거집단'이라고 한다.

이 준거집단(소속욕구)을 어디에 두느냐로 같은 입장에 있는 사람이라도 만족도가 대단히 차이가 난다.

그런데 이 준거집단이 여자에게는 확실하게 의식되어 있지 않다.

남자의 경우, 준거집단은 대개가 명쾌하다. 예를 들면 이류회사에 근무하고 있는 회사원이 있다고 하자.

그는 자신의 회사 급료가 일류회사에 비해서 적은 것이 불만이라고 생각한다. 즉, 그의 경우 준거집단은 일류회사가 된다. 어쨌든 사회에 진출하여 활동하는 남자에게 있어서 반드시 어떠한 형태로든 소속이 있고 거기에 따라 준거집단이 있는 것이다.

그런데 여자에게는 자신이 집단 소속 자체가 분명하지 않다. 가정주부는 직업이 무엇이냐는 질문에 자신 있게 전업주부라고 답할 수 있는 자신감과 사회적 현실에 놓여 있지 않아 머뭇거린다.

즉, 정체성에 혼돈이 생겨난다. 여자에게 가장 쉽게 비교 기준이 되는 준거집단이 이웃집이나 친구 집 등이다.

상황에 따라 그 기준은 수시로 다양한 형태로 바뀌게 된다. "옆집은 아이들한테 스마트폰을 사주었는데 우리 애들도 사주어야겠어요"라고 말했을 때, 남편이 선뜻 응하면 여자는 큰 행복감에 젖는다.

따라서 여자에게는 준거집단을 명확하게 알려주어야 한다. '여성만을 위한 OOO'하는 방식이 여자에게 효과적이다.

자신을 유일하고 확실한 존재로 인정해 주면 비로소 안심하며 행복감을 갖게 해준다. 따라서 특정한 상품을 소유한 사람들 그룹에 소속되어 일체화되고자하는 욕구는 기업이 알아두어야 할 중요한 인간심리이다.

● 일양약품 비타알부 여심 광고: 여자에게 자신의 준거집단을 명확하게 알려주는 여성 비타민광고다.

- 엔프라니 화장품 광고: '스물일곱, 많지도 적지도 않은 나이'라는 카피로 타깃 여성 심리를 절묘하고도 절절하게 꿰뚫었다. 이 광고를 보는 30대도 40대도 관심 갖게 된다.

♣ 카피와 명언

- 여성만을 위한 껌, 해태아카시아 껌. (해태제과)
- 여자만이 느끼는 열정, 비너스. (비너스)
- 열여덟 살의 상큼 법칙! (레모나 C)
- 처음으로 선보이는 20대 기능성 화장품. (엔프라니 에이지 리세스)
- 스물일곱의 아트 디렉터 (엔프라니), 스물일곱은 우아하다. (엔프라니)

5. 여자는 남자에게 안정감을 요구한다

여자가 안정감을 요구하는 것은 문화와는 전혀 관계없이 여자의 생리적 욕구라고 할 수 있다. 임신과 출산, 육아 책임을 지고 있는 여자는 이 부담을 함께 짊어질 대상 즉, 남자라는 보증(안정감)을 갖고 싶은 것이 당연하다.

그런 이유로 다른 여자에게 마음을 주거나, 직장을 옮기거나, 행선지를 알리지 않고 여행 가거나, 감정이 변덕스러운 남자에게 일생을 맡기는 데는 불안을 느낀다.

아내는 당신에게서 정서적인 안정감과 친밀감을 원한다. 그것을 얻을 수만 있다면 경제적인 안정감은 어느 정도 희생할 각오가 되어 있다.

'당신의 이상형은 어떤 남자입니까?'라는 설문조사 결과를 보면 자상한 남자 62%, 지적인 남자 40%, 예절 바른 남자 28%로 나타났다.

또 '남자를 만날 때 가장 비중을 두는 것은?'의 결과도 예절과 매너가 좋은 사람을 화술과 말투가 좋은 사람보다 선호한다.

여자에게 자상하고, 감정에 기복이 없는 지적인, 예절 바른 언행은 안정감을 준다. 언제나 주위에서 자상하게 돌봐주고 지켜봐 주어야만 한다.

- 피죤 광고: 헤드라인은 '상쾌하게·부드럽게·오래오래' 광고모델의 캐릭터와 상품의 특장점을 조화시킨 콘셉트로써 여자들로부터 큰 주목을 끈 광고다.

- 이탈리아 호텔 광고: '우리 호텔에서는 당신은 비너스가 된다'는 콘셉트 광고로써 보티첼리의 명화, 비너스 탄생을 패러디하였다. 호텔의 여신급 서비스는 여자에게 편안하고 안정감을 갖게 한다.

● 댕기머리 샴푸 광고: 이렇게 멋진 남자 친구가 나를 든든하게 지켜 주기 때문에 더할 나위 없이 행복감에 젖어들 수밖에 없다.

♣ 카피와 명언

- 프리마는 아내 사랑입니다. (동서프리마)
- 여자를 편하게 해줍니다. (크리넥스키친타월)
- 이 땅의 아내를 사랑하는 기업. (애경)
- 쿠션은 기대기 위한 것이 아니다. 마음을 의지하기 위한 것이다. (리꼬모)
- 세상 누구보다 더 그녀를 아끼겠습니다. (뉴EF 소나타)
- 세심한 배려 속에서 그녀는 더 특별해집니다. (뉴EF 소나타)
- 여자는 남자가 계속 관심을 기울이고 있다는 증거를 확인하려고 한다. 전화나 달콤한 속삭임, 장미 한 송이와 같이 그 증거는 행동이어야 한다. (프란체스코 알베로니)
- 여자는 남자가 더 이상 그녀를 사랑하지 않을 때, 그 인격의 단절성에 분노를 터뜨린다. (프란체스코 알베로니)
- 여자를 든든하게 보호해 줄 마음의 자세가 되어 있는 남자만이 여자의 호의를 받을 자격이 있다. (괴테)

6. 여자는 개성적이라는 말에 약하다

여자가 항상 바라는 욕망 중에 '개성적이고 싶다'는 말이 있다. 여자는 평범한 것을 가장 싫어한다. '색다르다'고 말해주면 좋아하고, 이를 원한다.

다시 말하면 자신과 타인과의 차이가 없어지는 시대가 되었다. 그래서 '자신다움'의 발견과 그 개성적인 자신의 창조가 중요해신나. 어떻게 타인과 다른 개성을 가질 수 있을까에 상당한 관심을 갖는다.

호텔의 경우에 단지 숙박할 수 있는 방만 가지고 개성을 살릴 수 없다. 먹고 자는 기능은 기본이고 다양한 행사와 공연 등으로 일상의 피로와 스트레스를 씻어내는 문화 공간으로 자리 잡고 있다.

서울에서 유일하게 카지노와 디너쇼를 선보였던 W호텔은 공항에서 가장 먼 호텔임에도 인기를 누렸다. 아담한 호텔일 경우라도 추운 겨울에 한국에만 있는 따끈따끈한 온돌방을 갖춰 외국인에게 호평 받았는데 이것도 개성화의 한 전략이다.

물론 개성만 강조한다면 반대로 그만큼 인기 수명은 짧아진다. 상품으로서 그 지속성을 유지하기가 힘들어질지도 모른다. 그러나 정보가 다양화, 다종화 되는 보더 리스(Borderless; 무경계) 사회가 되면 인기수명은 짧아져서 그런 현상을 당연하다고 받아들여야 할 것이다.

여자에게 경기가 악화되면 '이익이다'라는 저가 광고 전략을 경기가 호전되면 '사치'라는 개성 광고전략을 사용한다.

여자에게 구매하도록 유도하기 위해서 시대에 맞는 개성을 연출하고 '개성적'이란 표현을 자주 사용하면 좋다.

● 피아트 자동차 광고: 자동차는 젊은 세대에게 자신의 라이프 스타일과 가치관, 개성을 나타내는 상징이다. 개성 넘치는 패션 스타일과 어울리는 감각적이며 개성 있는 자동차라는 콘셉트 광고다.

● 랑콤 립스틱 광고: 여자에게 립스틱은 개성의 표현이다. 입술이 자기의 개성을 표현하는 것이며 마음속의 희망과 두려움을 숨기기 위해 덮어주는 역할을 한다. 남자가 여자의 성적 매력을 느끼는 부위를 조사했는데 성기 다음으로 입술이라는 결과가 나왔다.

- 기아자동차 쏘울 광고: 옷 가게에서 옷을 고른 여성 두 명이 탈의실에서 옷을 갈아입고 나왔는데 똑 같은 옷이라서 당황한다. 여자에겐 개성이 없다는 말은 센스 없고 부끄러운 일이다.

♣ 카피와 명언

- 여자는 스캔들을 꿈꾼다, 훼미닌 스타일리스트. (동성제약)
- 칼라 스캔들, 훼미닌 스타일리스트. (동성제약)
- 당신을 표현하는 모든 것은 특별해야 합니다. (현대백화점)
- 좀 더 특별한 감각의 마침표. 현대백화점과 함께 당신의 특별함이 마무리 됩니다. (현대백화점)
- 그레이스는 신촌지엔느를 사랑합니다. (그레이스백화점)
- 여성들은 보통 자신보다 스타일이 좋고 센스 있는 여성을 본능적으로 신뢰하는 편이다. (도서, '여자의 언어로 세일즈하라'에서)
- 여자는 겉모습과 매력, 사람의 눈길을 끄는 세련됨, 욕망의 대상이 될 수 있는 힘이 얼마나 중요한가를 남자보다 훨씬 잘 알고 있다. (프란체스코 알베로니)

7. 여자는 무리 짓기를 좋아한다

여자는 무슨 일이든지 누군가 같이 행동할 사람이 없으면 여간해서 움직이지 않는 습성이 있다. 잠깐이라도 밖에 나갔다 올 때도 지갑, 하다못해 손수건이라도 들고 나가는 것이 여자다.

그 습성 때문에 여자들은 그룹 미팅을 좋아하고, 송사리처럼 무리를 지어서 다니기를 좋아한다.

특히 카페나 늦은 점심때 주부들끼리 모여 함께 식사하는 식당, 찜질방에 가 보면 반드시 친구들이나 이웃들과 무리 지어 즐기고 있는 모습을 쉽게 목격할 수 있다.

그렇지만 혼자서 영화관을 가거나, 여행을 가는 일은 좀처럼 하지 않는다. 쇼핑을 할 때도 큰 그룹이 아닌 대개 둘이나 셋씩 작은 무리를 지어 몰려다니며 행동한다.

그 이유는 성장 과정을 살펴보면 알 수가 있다.

'여자는 혼자서 돌아다니면 위험해!', '낯선 곳에는 혼자 절대로 가지 말라'는 말을 자주 듣고 성장했기 때문에 혼자서 길을 찾아 목적지 찾아가는 일에 둔감해 지고 마는 것이다.

어려서부터 항상 누군가에 이끌려져 다니거나, 성인이 되고서도 남자친구 혹은 남편이 데리고 다니는 일이 많다. 그 때문에 타인에게 의존하려는 습성과 기대 심리가 몸에 익숙해져 버리고 만다.

항상 '누군가가 해주겠지', '누군가가 대신 해 주겠지'라고 생각하기 때문에 광고에서는 '~을 해결해 드립니다', '~을 대신해 드립니다', '~을 맡겨만 주십시오'라는 말을 사용하면 효과를 얻는다.

또 한 가지 이유로는 주위 사람들로부터 즉, 친구들이나 가족들로부터 따돌림 받는 것을 혼자되는 것을 두려워하기 때문이다. 외톨이가 되고 싶지 않기 때문이다.

이와 같은 '군집 동기'는 여행사와 호텔, 피트니스 클럽, 레스토랑, 관광지 등의 광고에서는 중요한 세일즈 포인트가 된다.

● 튼튼영어 광고: 자녀 교육에 관심 많은 학부모들. 자녀 교육과 진학 관련 정보를 얻기 위해서 커뮤니티를 만드는 일은 다반사다. 비단 학부모 커뮤니티뿐만 아니라 아파트 단지 부녀회, 종교별 신도회 등 다양한 커뮤니티를 만들거나 가입을 한다. 그래야만 안심할 수 있으며 또한 존재감도 확인한다.

● 참좋은여행사 CF: 여자는 여행을 혼자서보다는 친한 친구들끼리 무리 지어 다니기를 좋아한다. 게다가 낯선 여행지에서 뭔가 우연한 일이 발생할 것이라는 감성을 자극하는 기대감도 갖는다.

♣ 카피와 명언

- 55세부터의 월급, 국민은행에서 드리겠습니다. (국민은행 개인연금신탁)
- 자동차 할부는 삼성캐피탈과 상의하십시오. (삼성캐피탈)
- 딸꾹질에서 암에 이르기까지 모든 질병을 상담해 드릴 62명의 전문의를 댁으로 보내드립니다. (비디오 의학백과 미디어)
- 당신이 생각한 그대로의 사람이 나올 겁니다. (결혼정보회사 듀오)
- 엄마들의 경우, 지역 밀착네트워크가 남성에 비해 3배 이상 강하다. 한국의 엄마들 중 77%가 평균 5개의 온·오프라인 모임을 갖고 있으며 이 모임은 주로 육아 모임, 취미 모임, 봉사 모임, 직장 모임이라고 한다. 따라서 엄마들을 대상으로 성공적인 마케팅을 하려면 이런 엄마들의 모임을 잘 활용하는 것이 필요하다. (도서, '여자의 언어로 세일즈 하라'에서)

제9장 ‖ 여자의 3가지 보물

1. 여자는 눈(雪·白色)을 좋아한다

　여자는 남자의 청결감에 약하다. 때가 낀 손톱과 어깨 비듬, 콧구멍에 삐죽 나온 코털 등은 질색이다. 새 하얀 와이셔츠, 단정한 헤어스타일, 산뜻한 복장을 좋아한다.
　남자의 대표 색이 검정이라면 여자의 대표적인 색은 하얀 색이다. 화장품 코너에 가보면 곧바로 알 수 있다. 여자 화장품은 백색을 어떻게 디자인하는가에 승부가 달려있다. 수많은 화장품 패키지와 용기는 하얀색 디자인의 극치를 이룬다. 또한 화장품 브랜드도 한결 같이 백색이

● 이자녹스 테트비라 광고: 모든 여자들이 원하는 피부란, 한 마디로 말해서 투명하고 백옥 같은 피부다. 화장품 회사는 여자의 이 연원들 잘 들어 주어야만 많이 팔 수 있다.

나 화이트닝, 화이트 젠 등 백색피부 관련 단어로 만들어진다.

또한 하얀 색은 미인의 상징이기도 하다. 많은 화장품 광고를 보면 한결같이 백색 미인이라는 헤드라인을 사용한다.

또한 여자의 일생 중에서 가장 아름다운 순간은 결혼식 때일 것이다. 그 아름다운 순간에 입는 드레스 칼라는 예외 없이 순결을 상징하는 백색이다. 그만큼 여자와 백색은 떼려야 뗄 수 없는 관계에 놓여 있다. 시대에 따라 유행색은 다양하지만 결국 백색이 원점이 된다. 또, 백색하면 눈(雪)이 연상된다.

● 롯데호텔 예식 광고: 최고급 호텔에서 순백색 드레스를 입고 결혼하는 것은 여자의 로망이다.

그래서 한국과 일본의 대표적 식품회사도 눈을 캐릭터와 심벌마크로 혹은 브랜드 네임으로 사용하고 있다. 그 점을 기억해보면 여자가 백색과 눈을 좋아한다는 것을 잘 알 수 있다. 백색은 언제나 처음을 의미하며 신선한 색이다.

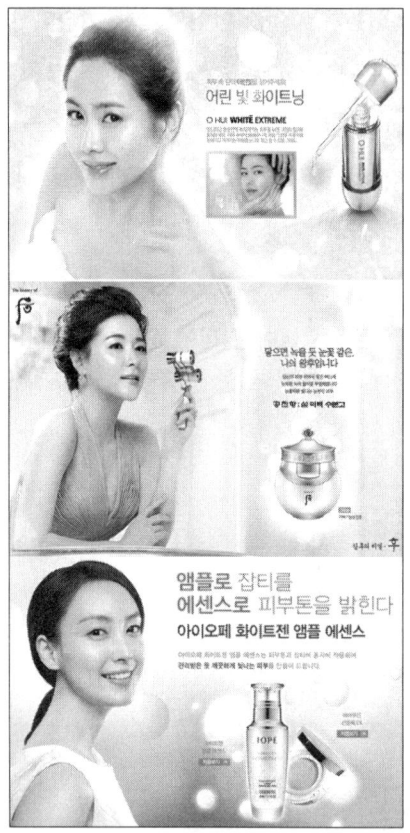

- 미백 화장품 광고: 가끔 갈색 피부가 유행하는 시기가 있다. 하지만 거의 대부분은 미백피부를 위한 화장품이 주류를 이룬다. 화장품 브랜드도 한결같이 미백이나 화이트닝, 화이트 젠 등 백색 피부 관련 단어로 만들어진다.

♣ 카피와 명언

- 24시간 하얀 세상. (휘닉스파크)
- 삿포로, 하얀 눈 그치면 파란 겨울 하늘 내려온다. (대한항공)
- 투명하게 피어나라! (가네보화장품)

2. 여자는 꽃을 좋아한다

꽃을 싫어하는 여자는 단 한 명도 없을 것이다. 여자가 꽃을 좋아하는 이유는 우선 꽃은 평화를 상징하기 때문이다. 여자는 평화주의자이고, 평온을 원한다.

왜냐하면 자식을 낳고 키워야 한다는 큰 사명이 있기 때문이다. 아이를 낳을 때도 무방비 상태이거나, 출산한 순간 폭풍우나 전쟁 같은 상태에서는 아이가 위험한 상태에 놓이고 만다. 그래서 평온한 환경이 조성되지 않으면 안 된다.

● 포트메리온 도자기: 여자들의 중요한 주방용품, 식기. 섬세하고 아름답게 꽃이 잘 표현된 포트메리온 식기는 오랜 시간을 두고 여성들에게 사랑받는 브랜드이다.

두 번째로 꽃의 속성과 자신의 속성을 동일시하기 때문이다. 꽃이 열매 맺는 과정과 여성의 임신·출산 과정은 너무나 닮아있다. 좋은 유전자를 지닌 후손을 남기기 위해 꽃들은 다투어 아름다운 색과 향기로 벌과 나비를 불러들인다.

● AIMI Flowers 광고: 헤드라인은 "꽃으로 말을 하세요"다.
사과를 하고 싶거나, 감사를 표현하거나, 사랑을 고백할 때는 말보다는
꽃으로 전하는 것이 좋다는 의미의 광고다.

● 아모레 퍼시픽 엠블렘: 대표적인 여자 대상 기업, 아모레 퍼시픽.
엠블렘을 여자가 좋아하는 동백꽃과 잎, 줄기, 원형
등을 결합시켜 디자인하였다.

여자가 종종 꽃에 비유되는 것은 그 아름다움 때문만이 아니라 생식 과정과 상대를 불러들이는 모습마저도 닮아있기 때문이다. 아름답고, 연약하고 그래서 소중히 다루어지는 꽃과 자신을 동일시하는 데 주저하지 않는다.

이렇게 꽃을 좋아하는 심리를 알고 상품명이나 상표를 꽃에서 따온 것들이 많다. 쉽게 호의나 호감을 갖고, 친밀감을 갖기 때문이다.

꽃을 선물 받고 호의나 감사를 나타내지 않는 여자는 없다. 남자로부터 선물을 받는다면 가장 마음에 드는 것이 꽃 선물이라고 한다. 이것은 동서고금 마찬가지다.

- 소망화장품 광고: '꽃을 든 남자 브랜드'는 남성화장품은 물론 여성용 헤어 및 바디 화장품 등에 이르기까지 다양한 상품군을 갖춘 히트 브랜드다. 꽃과 사랑하는 남자를 동시에 얻는 이미지가 여자의 마음을 끈다.

♣ 카피와 명언

- 올 가을, 여자들이 가장 받고 싶은 꽃. (기술+예술이 결합한 데카르트가 반영된 LG디오스 냉장고 광고)
- 피부를 꽃피우기 위한 시간. (LG생활건강 SAY)

3. 여자는 달을 좋아한다

역학에서 말하기를 여자는 달의 정기를 많이 가지고 태어나는 반면 남자는 태양의 정기를 많이 가지고 태어난다고 한다.

남해안이나 제주도 모래사장에서 주로 부인들이 배꼽 찜질을 하는 관습이 있었다. 그 모래 속에 알몸으로 묻힘으로써 달 기운을 배꼽으로 흡인한다하여 '달 모래찜질'인 것이다.

정월 대보름날이면 다리를 밟는다는 명분으로 밖에 내보내 달빛을 쐬게 한 것이며 시집갈 날 달받이를 하면 달을 보고 심호흡을 하는 달먹이를 시켰던 것도 월광욕 문화의 소산이다.

음양설에서 달은 음이요 여자도 음이다. 곧 여자는 음기가 왕성해야 아이를 잘 낳는다고 여겼으며 음기는 달로부터 얻을 수 있다고 믿는 데서 월광욕 문화가 발달했던 것이다.

이처럼 음양설에 의한 상징 외에도 부드러움을 선호하는 여자에게는 강렬한 태양보다, 곡선과 원형을 이루는 달을 좋아한다. 미인의 잣대로 자주 사용하는 말에도 월색 미인이라는 말이 있지 않은가! 또한 여자는 어스름한 어둠 즉, 달빛이 비치는 어둠을 좋아한다.

미국의 심리학자, 저겐(K.J. Gergen)은 사방 3m 실내에 6명에서 8명의 남녀 반반을 1시간 정도 넣어두고 그 사이 남녀의 행동을 조사하였다.

이 실험에서는 밝은 실내와 어두운 실내 2종류가 준비되었다. 밝은 실내에 들어간 남녀는 처음부터 서로 조금 떨어진 바닥에 앉아서 무미

건조한 이야기를 하고 있었다. 그것도 1시간 동안 자신이 앉아있던 장소를 바꾸는 사람은 거의 없었다.

한편 어두운 실내에 들어간 남녀는 시간이 지남에 따라 대화가 적어지고 앉아 있는 장소를 바꾸는 사람이 많았다. 동료 몸에 기대거나, 서로 껴안는 커플이 많아졌다.

어둠 속에서는 서로 누가 누군지 모르는 익명성(匿名性)이 있는데 그런 환경에서는 자신의 본심을 속속들이 들어내 보일 수가 있게 된다. 그래서 시간이 흐름에 따라 남녀가 매우 친밀해 지는 것이다.

- 오휘 화장품 광고: 이 화장품을 쓰면 어스름한 밤하늘의 달빛보다도, 별빛보다도 아름답게 빛나는 여자가 될 수 있다고 부추긴다. 과연 사지 않을 수가 있을까.

- SK텔레콤 루나 광고: 누군가를 미치게 하려면 이 정도는 돼야 한다는 콘셉트 광고다. 엷은 구름에 가린 몽환적인 분위기는 광고를 보는 이로 하여금 신비로움으로 푹 빠져들게 한다.

● 니베아 나이트 크림 광고: 상품 콘셉트에 적절한 비주얼 달을 등장시켰다. 원형과 달의 결합 비주얼로 여자들에게 관심과 주의를 끌 수 있다.

● SBS 드라마 '영화 달의 여인' 포스터: 태양은 남자를 달은 여자를 상징한다. 달이 들어간 제목에서 사랑, 슬픔이 어우러진 감성 멜로 스토리 드라마임을 알 수 있다.

제10장 여자와 강한 반복

1. 여자는 칭찬(아부)에 약하다

　심리학자, 윌리엄 제임스(W. James)는 인간심리 가운데 가장 강한 욕망은 '타인으로부터 인정받고자 하는 욕망'이라고 하였다. 여자에게는 화려한 칭찬일수록 만족도가 높다.
　같은 것이라도 포장이 화려하고 멋지면 보는 맛이 남다르다. 제 아무리 지성이 넘치고 냉정한 여자라도 칭찬의 홍수 앞에서는 힘없이 무너지고 만다. 속이 뻔히 들여다보이는 거짓말이지만 예쁘다고 하면 금방 입이 벌어진다.
　'자아 관여'라는 말이 있다. 예를 들면 사람이 중대한 가치가 있다고 여겨지는 일이나 자아의 핵심과 관련된다고 보는 일일수록 자아 관여도(관심의 정도)가 높다. 다른 사람을 설득하거나 타이를 때, 이 자아 관여가 중요한 의미를 가진다.
　칭찬은 작은 부분이라도 칭찬해 주면 좋다. 두루뭉술한 칭찬은 하나마나다.
　많은 여자들은 '나는 매력적인가?', '나는 다른 사람으로부터 주목을 받고 있는가?' 등에 대한 자아 관여도가 높다. 다시 말해 이런 점에 강한 관심을 가지고 있다.
　일반적으로 자아 관여도가 높은 일로 칭찬받으면 자아 관여도가 낮은 일로 칭찬받을 때보다 훨씬 기분이 좋아진다. 최신 유행 패션에 최대의 관심을 갖는 여자가 '의상에 대단한 센스가 있다'라는 칭찬을 들으면 최고로 기분이 좋아진다.

반면에 패션에 관심이 없는 여자에게 의상 센스를 칭찬한다고 해도 별로 그녀의 기분을 좋게 할 수는 없다. 그러므로 가장 자아 관여도가 높은 것을 들어 칭찬하지 않으면 칭찬도 별 의미가 없다.

● CJ 미네워터 광고: 목표타깃 여자의 장점을 발견하여 구체적인 극찬의 칭찬을 보낸다. 이를 싫어 할 여자는 결코 없다. 칭찬은 절대 아껴서는 안 된다.

프랑스의 유명한 시인, 보들레르가 이런 여자 심리를 다음과 같이 꼬집었다. '여자는 제 아무리 슬픈 일을 당해도 마음 한구석에 칭찬의 말을 받아들일 부분은 남겨둔다'고 말했다. 화려함에 본능적 관심을 기울이는 여자 심리를 알아야 한다.

칭찬에도 요령이 있다. 심리학자, 아론슨과 린다(E.Aronson & D.Linder)는 재미있는 실험을 하였다.

남들이 자신에 대해 이야기하는 것을 엿들을 수 있는 상황을 만든 다음 자신에 대해 대화를 하는 사람들에 대한 인상을 어떻게 평가하는 지를 연구하였다. 대화의 흐름을 4가지로 변형 시켜 제시했다.

　첫 번째, 처음부터 끝까지 계속 칭찬한다. 두 번째, 처음에는 비난을 하지만 결론적으로는 칭찬한다. 세 번째, 처음부터 끝까지 비난한다. 마지막으로 처음에는 칭찬으로 시작하지만 비난으로 끝내는 것이다.

　그럼 엿듣는 사람이 가장 호감을 느끼는 것은 어떤 조건일까? 얼핏 보기에는 처음부터 시종일관 칭찬만을 한 첫 번째를 좋아할 것 같지만 사람들은 두 번째 조건의 사람을 가장 좋아하였다.

　부분적으로 결점을 거론하지만 장점이 많다고 결론을 내리는 사람이 더 믿을 만하다고 생각하기 때문이다.

　또 미지의 사람, 친숙하지 않은 사람, 자신을 그다지 인정해주지 않는 사람, 같은 이야기를 남편에게 듣는 것보다도 제3자로부터 듣는 칭찬은 매우 효과적이라고 한다. 이러한 심리현상을 '아론슨 부정의 법칙'이라고 한다.

● 아모레 퍼시픽 VB 브랜드 캠페인: 건강해 보인다는 말은 더할 나위 없는 칭찬이다. 몸 건강은 물론 마음까지도 건강하다는 칭찬을 받는 것이 여자의 최대 기쁨이 아니겠는가. 남자의 칭찬을 받은 여자가 "입술에 침이나 바르라"는 말을 했다면 이는 기분 좋아서 하는 말이다.

- 캐논 카메라 광고: 남들로부터 받는 칭찬도 좋지만 무엇보다도 자기 자신을 먼저 칭찬해 주어야 한다. 자기 자신으로부터 받는 칭찬은 자존감을 키워준다.

- 아이오페 광고: 불과 3일 후면 몰라보게 달라질 내 피부. 주변 사람들로부터 피부 좋아졌다는 칭찬을 받을 수 있다고 하니, 이 화장품을 외면할 수 있을까.

♣ 카피와 명언

- 아내는 여성보다 아름답다. 우리 다시 결혼할까? 커피엔 언제나 프리마. (동서식품 프리마)
- 센스 있고 지혜로운 주부의 선택. (쏠라륨)
- 딸: 아빠, 어딜가 봐도 우리집만큼 깔끔한 데 없다.
  남편: 너도 이 다음에 딱 엄마만큼 만 해.
  아내: 아싸! 내레이션: 오늘도 기분이 좋습니다.
  징글: 페브리즈 (페브리즈 CF)
- Get it 특급 칭찬
  남친에게 칭찬 받는 특급 뷰티 Best 3 (여성잡지 Get it beauty 기사 제목)
- 이거 특급 칭찬이야~ (jtbc 드라마 대사)
- 여자는 당신이 말한 모든 걸 의심할 것이다. 칭찬을 제외하곤. (엘버트 허버드)
- 원래 아첨이란, 여자의 몸에 꼭 맞는 의상이다. (키르케고르)
- 여자의 결점을 알자면 그녀의 여자 친구 앞에서 그녀를 칭찬해 보라. (플랭클린)
- 최고의 방문 판매왕이 되려면 초인종을 누른 후, 여성이 나오면 "아가씨, 엄마 계세요?"하면 성공률 100%다. (도서, '세상에서 가장 어려운 상대 여자'에서)
- 아론슨 화법의 예
  "품질은 좋지만 가격이 좀 비싸요"
  →"가격은 좀 비싸지만 품질이 좋습니다" (도서, 'NCS를 기반으로 한 인간관계와 커뮤니케이션'에서)

2. 여자는 암시(반복)에 약하다

여자는 암시에 약하다. 암시란, 보내는 측(암시자)이 받는 측(피 암시자)에게 자신의 의도대로 행동을 취하도록 하는 일이다. 이때 주어진 자극을 '암시 자극'이라고 한다.

자기 스스로 확인할 수 없고, 판단이나 구별이 불가능한 단계에서는 인간이면 누구나 암시적이 되기 쉽다. 남자에 비해서 여자와 어린아이는 암시에 걸리기 쉽다.

물건을 살 때 남자와 여자는 그 구매 태도가 전혀 다르다. 남자는 상품 자체 품질이나 성능을 이론적으로 비판한다. 여자는 상품 포장 등 외형에서 받는 암시에 좌우되기 쉽다.

또 남자는 세일즈맨 설명이나 판매법에 주목하는 데 비해, 여자는 세일즈맨의 용모, 복장, 손님을 대하는 태도에 주의가 끌린다. 그래서 여성용 상품에 이것을 이용한 광고는 셀 수가 없을 정도로 많다.

나이든 사람보다는 젊은 편이 암시에 걸리기 쉽다. 즉, 주어진 정보에 대해서 피드 백(Feed Back)하여 객관적으로 확인할 수 있는 수단을 갖고 있지 않다. 그래서 주어진 정보를 '고정 관념화'하고 만다.

아이들은 어른들로부터 지시 받거나, 지식을 받아들이기 때문에 7, 8세부터 10세 정도의 아이가 가장 피 암시성이 높다고 하며 지능 지수와는 전혀 상관없다고 한다.

또 여자는 사회적 지위에서 오는 불리한 점이 주관적인 태도 결여와 권위에 영향 받기 쉽다고 하는 조건 때문이라는 것이다. 이런 점을 활용하여 여자와 어린아이에게 효과를 얻을 수 있는 광고 기법을 다양하게 생각해 낼 수 있다. 여성용 상품을 TV나 라디오 광고 시, 상품 콘셉트나 메리트, 브랜드, 제조사 브랜드를 자주 반복해주면 효과적이다.

• 농심 짜파게티 CF: 카피는 "오늘은 내개 짜파게티 요리사. 맛있겠다, 이건 먹기 싶다. 짜라 짜라 짜라 짜짜짜 짜파게티. 농심 짜파게티. 진짜 맛있다" '브랜드'와 '맛있다'가 계속 반복된다.

• 삼성 하우젠 광고: 광고에 세탁기 특장점인 '1/2'과 '버블에코'를 계속 반복함으로써 상품 특장점과 핵심 키워드, 브랜드를 고지한다. 소비자는 광고에 3~5회 정도 노출되어야 비로소 상품을 인지한다고 한다.

계속 반복해서 듣게 되면 자연히 기억하게 되고 친근감을 느낀다. 이것을 심리학에서는 '단순접촉의 원리', '숙지성의 원리'라고 한다. 접촉하면 접촉할수록 그것을 좋아한다는 것이다.

'홍길동! 홍길동!' 하는 선거 연호는 그 나름대로 이유가 있다. 한 차례만 말해서는 느낌이 오지 않는 사람이 많기 때문이다.

♣ 카피와 명언

- 보입니다, 잘 보입니다, 아주 잘 보입니다. (TV광고)
- 도도화장품-도도한 여자가 아름답다. (도도화장품)
- 고소하다. 고소하다. 역시, 고소하다! (오뚜기 마요네즈 골드)
- 자장 자장 자장. (LG 디오스 냉장고)
- 하얗게 하얗게 새하얗게. (대한무지개세탁기)
- 하버드 E. 크루만의 반복성 효과 '쓰리히트 이론'
  사람들이 광고를 봤을 때, 반응은 다음과 같이 나타난다.
  첫 번째, "이게 뭐지"라는 반응
  두 번째: "뭐에 대해서 말하고 있는 거지"라는 반응
  세 번째: "뭐였더라?"라며 떠올리는 반응
  네 번째 이후: "이거 알고 있어!"라는 반응이 나타난다. 즉, 1명 당 3회 이상 광고를 보여주면 구매율이 올라가게 된다.

3. 여자는 TV 광고에 약하다

　TV 광고는 왜 매체 중에서 가장 강력할까? 캐나다의 커뮤니케이션 이론가 마샬 맥루한(M. McLuhan)은 다음과 같이 주목해야 할 실험 결과를 보고하였다.

　무작위로 선발한 대학생을 4개의 그룹으로 나누고 각각 라디오, TV, 직접수업 그리고 인쇄물로 강의를 받게 하였다.

　인쇄물을 읽는 그룹을 빼고는 질문과 토론 없이 교사가 일방통행 식으로 강의하도록 하였다. 30분 강의 후, 4개 그룹에게 똑같은 문제를 주고 테스트를 해 보았다.

　결과는 TV, 라디오 순으로 시청각 미디어를 통해서 수강한 학생 쪽이 직접 수업 및 인쇄물 그룹보다 성적이 좋았다.

　'여자와 아이를 노려라'라고 하는 마케팅 법칙이 있다. 여자와 어린이는 TV 광고에 특히 약하다. 이들은 광고에 의해 움직여진다고 해도 과언이 아니다. 과장된 표현일지는 모르나 '어린이들은 3분, 여자들은 3일'이라는 말이 있다.

　어린이들은 TV 광고에 3분 만에 정복당하고 여자들은 3일 만에 정복당한다고 할 만큼 반응이 빠르다는 사실이다.*

　TV에 예쁜 옷 광고가 나오고 있는데 관심을 보이지 않는 여자는 거의 없다. 예쁘게 차려 입고 남의 시선을 끌고 싶다고 생각하는 것은 당

---
* 와타리 노리히코 저, 박문숙 역, 여자는 이럴 때 지갑을 연다, 독사와 함께, 1993.

연하다.

광고를 보고 하루 정도는 참지만 이틀째는 더 이상 참지 못하고 게다가 유행이 되어 너도나도 다투어 사고 있다거나, 서로 다투어 입고 있는 정도가 되면 사흘째 '이젠 더 이상 못 참아'하며 드디어 사게 된다.

• 롯데 홈쇼핑: '홈쇼핑 중독'이라는 말이 있다. 여자는 드라마뿐만 아니라 홈쇼핑 방송도 무척이나 좋아한다. 그래서 많은 기업들이 홈 쇼핑에 입점(광고)하려고 안달 하는 게 그 이유다.

• 동원 F&B CF: 뛰어난 요리 실력을 선보이며 '차줌마'로 불리는 배우 차승원을 광고모델로 등장시켜 주부들로부터 큰 인기를 끌었다.

TV 광고는 일종의 유행성을 지니고 있기 때문에 아무래도 거기서 벗어나 초연하기 힘들다. 광고에서 '모두가 다 사고 있다', '모두가 다 갖고 있다', '지금 대유행이다'라고 계속 들려주면 쉽게 사고 만다.

안사면 자기 혼자만 유행에 뒤처지는 듯한 착각을 하게 된다. 여자는 인내심이 강하다고 한다.

그러나 상품구매에 관한 한 인내심은 장담할 수 없다. 그래서 광고에는 약한 존재다. 어린이용이나, 여성용 상품은 가능한 한 TV광고를 적극적으로 하는 것이 좋다.

여자들에게 화장품 정보 입수 경로를 조사한 결과, 가장 먼저 TV 광고를 꼽았고 다음으로 친구나 이웃 그리고 할인 코너라고 하였다.

- 상품별 효과적인 마케팅 수단

상품군	소비심리 매체
가전·가구	방송광고
의류·서적	온라인광고
채소·과일류	전단지

- 구매에 영향을 미치는 홍보 수단

매체	비율
방송광고	28.0%
온라인광고	25.6%
정기세일	12.5%
소셜미디어	12.2%
기타	전단지 9.1%, 경품행사 3.0%, 특설매장 3.0%, 쿠폰 2.1%

(출처: 2012년, 대한상공회의소 '마케팅 수단별 소비자 반응 조사에서)

제11장 여자와 신체

1. 여자는 '늙는다'는 표현을 아주 싫어한다

　사람은 누구나 오래 살기를 원하면서도 늙는 것은 바라지 않는 것처럼 피부의 젊음과 탄력 유지는 여자들의 영원한 소망이다. 특히 여자는 남자에 비해 더 큰 두려움을 갖는다.
　한 조사에서 자신이 아름답다고 생각하는 여자는 평균 10명 중 2명, '못 생겼다' 또는 '그저 보통이다' 생각하는 여자가 10명 중 8명이나 된다고 한다.
　아름다운 사람은 보다 아름답게 변신하고 싶고, 그렇지 못한 사람은 중년이 되어서도 뚱뚱해지지 않으려 노력하거나 기미와 주름을 없애고 싶어 한다. 이래서 미용 상품이나 미용 성형과 시술에 투자하는 것은 아까워하지 않는다. 그런 만큼 미와 관련된 산업은 불황을 타지 않는 업종으로 꼽힌다.
　일본의 한 생리용품회사에서 TV-CF 광고 카피 첫머리에 '20대의 젊은 당신이라면…'이라는 카피로 시작되었다.
　이 생리용품 타깃은 20대 여성이었다. 그런데 현실적으로는 30대, 40대 여자도 구매 대상인 것이다. 20대의…라고 하면 당연히 30대 여자는 저항감을 갖는다.
　물론 40대 여자는 더욱 큰 저항감을 갖게 될 것이다. 이런 요소 때문에 마지막 단계에 카피가 이렇게 변경되었다.
　'젊은 당신이라면…, 이 OO의 품질을 알고 계시겠지요' 이 카피는 젊은 20대에만 한정한 것이 아니다. 30대도 40대도 자신은 아직 젊다고 생각하는 한 젊다고 믿는 것이 여자다.

여자가 가장 간직하고 싶은 말은 '결혼'이고 가장 기억하기 싫은 말이 '나이'라고 한다. 여자의 심층심리 속에는 '늙는다' 것에 대한 공포가 잠재되어 있다. 그래서 여자의 미와 관련된 산업은 불황을 모른다.

• SK-2 광고: 여자의 젊고 늙음은 얼굴로 나타난다.
그래서 여자들은 동안에 열광하고 동안 만들기에 안달이다. 이러한 여자들의 심리를 간파하여 헤드라인에 직접적으로 동안 피부를 경험해 보라고 권유한다.

• 돌체 앤 가바나 광고: 광고 속 모델들은 할머니들이다.
할머니들도 여자이기에 영원히 자신을 아름답다고 말해주기를 소원하며 명품으로 꾸미고 싶다는 욕망 역시 젊은 여자들 못지않다.

- 크로커다일 화보: 40,50대 여성복 메이커 크로커다일의 광고모델은 30대 초반의 하지원. 그 이유는 바로 소비자의 심리적 나이 즉, 마인드 에이지를 공략하기 위해서다. 마인드 에이지는 소비자 실제 나이에 0.7을 곱한 수이다. 40대 마인드 에이지는 30대 초반, 50대는 40대 초중반이다.

♣ 카피와 명언

- 나이의 흔적을 지워줍니다. (니베아 비사지 Q10 플러스)
- 언제나 스물여덟 살 젊은 감각. (에스콰이어)
- 행복이 가득한 집을 가꾸는 부부는 나이보다 젊어 보입니다. (행복이 가득한 집)
- 내가 좋아하는 사람은 나이를 먹지 않았으면 좋겠다. (아모레 선물세트)
- 나이를 훔쳤다. (훼미닌스타일리스트)
- 피부 나이, 초반 공략. (크리니크)
- 외교관이란 여자 생일은 기억하지만 여자 나이는 결코 기억하지 않는 사람이다. (로버트 프로스트)

2. 여자는 춤에 약하다

"노래하라 아무도 듣고 있지 않은 것처럼", "춤춰라 아무도 보고 있지 않은 것처럼" 알프레드 수자의 시 일부분이다.

이는 인간의 가장 본능적이고 원초적인 몸짓이 춤이라는 것을 의미한다. 그래서 춤은 인류 최초의 언어라고 한다.

키네식스(Kinesics; 바디 랭귀지 등의 비언어석인 커뮤니케이션의 시각적인 측면을 연구하는 학문) 연구 선두자의 한 사람인 미국 템플대학 인류학부 교수, 레이버드위스텔(L. Birdwhistell) 박사는 전달하고자 하는 언어의 불완전함을 보디랭귀지에 의해 파악할 수 있다고 주장하였다.

말을 하지 않아도 이심전심으로 자신의 의지가 상대에 전달되는 것이 아니고, 동작이 자신의 의지를 전달해 주는 것이다.

● 비비안 광고: 인간은 행복하고 즐거우면 그 기분을 바디 랭귀지로 표현한다.
  즉, 춤이다. 행복한 연인이 흥에 겨워 함께 춤춘다.

나긋나긋한 발놀림, 손놀림을 주고받는 모습, 남자의 시선을 사로잡는 몸짓, 이것이 춤인 것이다. 그래서 춤은 섹시하다.

여자의 매력이 가득하게 그 움직임 속에서 충분히 발휘되는 것이다. 춤은 여자의 여자다운 점을 모두 강조하고 있다.

● KB 국민은행 CF: 김연아와 이승기가 출연한 KB ONE 컬렉션 광고.
두 사람의 멋진 춤이 광고에 방영되자, 유튜브 100만 이상 조회 수를 기록했다.
젊은 목표 타깃에게 춤은 관심을 모으기에 충분하다.

● 마테차 광고: 제로 칼로리 다이어트 음료인 마테차를
댄스로 유명한 걸그룹이 시원하고 역동적인 춤으로 표현한 광고다.

3. 여자의 헤어는 제2의 얼굴이다

여자는 머리에 특히, 헤어스타일에 매우 신경을 쓴다. 또한 머리는 '제2의 얼굴'이라고도 한다. 즉, 하나의 자기표현이며 자기주장이다.

항상 쓸어 올리고 내리거나 해서 매만진다. 헤어스타일에 대해 칭찬받으면 놀랄 만큼 기뻐하며 머리를 쓰담쓰담 해주면 감정이 고조된다.

남자와 여자에게 있어서 일반석으로 긴 머리는 로맨티스트 상징이나. 시인과 소설가에게 장발이 많은 것은 소설이라는 것이 그만큼 로맨스를 만들기 때문이다. 또한 머리는 변화를 가장 손쉽게 할 수 있는 부분이다. 짧은 머리, 긴 머리, 위로 올린 머리, 염색 머리 등 자유자재로 변형이 가능하여 변신 욕망이 강한 여자에게 가장 손쉬운 변신 소재이다. 그러면 여자는 왜 헤어스타일을 바꿀까?

우선, 일이 잘 안 풀리고 꼬였을 때, 실연당했을 때는 마음이 우울해지고 무거워진다. 이럴 때 기분을 바꾸기 위해 머리 모양을 바꾼다. 여자가 헤어스타일을 바꾸었을 때는 마음속에 어떤 변화가 있었던 것으로 생각해도 좋다.

두 번째, 헤어스타일에 따라 딴 사람 같은 인상을 주므로 자기의 얼굴을 보다 아름답게 보이게 하는 머리 모양을 찾아내려 애쓴다.

헤어 관련 상품 광고에 등장하는 모델은 한결같이 긴 머리로 등장한다. 여자의 긴 머리는 옛날부터 다리, 가슴과 함께 여자의 아름다움 결정하는 3대 요소로 결정적인 역할을 해왔다.

- 팬틴 샴푸 광고: 여자에게 헤어스타일은 변신욕망과 자기표현 수단이다. 가장 쉽고 빠르게 자신의 모습을 변화시킬 수 있는 부분이라서 '제2의 얼굴'이라고 한다.

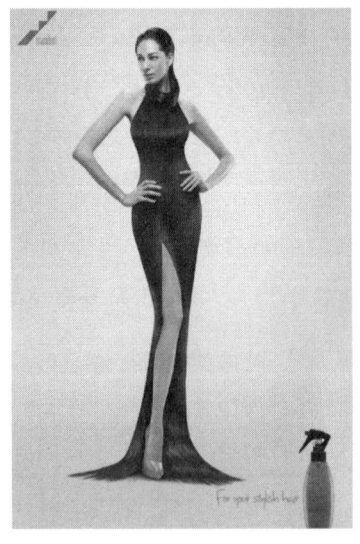

- Mandom 샴푸 광고: '머리는 제2의 피부다'라고 할 만큼 여자에게 머리는 소중하다. 여자의 긴 머리 욕구를 충족시켜주기 위한 광고인데 검정 드레스는 옷이 아니고 머리다.

♣ 카피와 명언

- 키스하고 싶은 머릿결. (더블리치 샴푸)
- 여자는 머리가 날개래요! (Hi-Mo Lady)
- 머리가 달라지니 젊어 보인다는 말을 자주 들어요. (Hi-Mo Lady)

4. 여자는 샤워에 약하다

아이가 소리쳐 울 때나 겁이 나서 꼼짝 못하고 있을 때 부모나 어른들은 그 아이를 감싸고는 껴안아 준다.

그러면 안긴 아이는 안심하고는 울음을 그친다. 그것은 부모의 몸이 아이의 신체 경계를 강화하기 위한 벽이 되어 아이를 안심 시켜 주기 때문이다.

- TIFFANY 광고: 사랑하는 애인이 비 일상 신체부위인 등을 뒤에서 포근하게 껴안아 준다. 여자는 약간의 성적 짜릿함과 따스한 사랑을 느끼며 이 남자는 나를 지켜주는 사람으로 여겨 안심하고 신뢰한다. 따뜻한 남자에게 끌리는 것이 여자다.

마찬가지로 목욕을 할 때, 따뜻한 물에 몸을 담그면 마음이 포근해지는 것은 우리들의 피부가 따뜻한 물로 보호 받고 있다고 느껴지기 때문일 것이다.

이처럼 다른 사람의 따뜻한 몸에 안긴다든지, 목욕을 할 때 안정감을 느끼는 것은 물이 우리 몸의 방호벽이 되기 때문이다.

또 적당히 미지근한 물로 샤워를 하면 에너지 업에 큰 효과가 있다. 물살을 세게 해서 피부에 산뜻한 자극을 주는 지압효과와 함께 온몸의 근육이 자연스럽게 이완되고 혈액순환이 활발해져 릴렉스 되는 즐거움을 주기 때문이다. 이처럼 온몸을 감싸는 자극을 여자는 원한다.

• 스트라이프 샤워 CF: 찌는 듯한 무더위에 지쳐가던 한 남성에게 쿨 섹시한 샤워 여신 광고모델이 다가가 스프라이프 샤워를 제안한다.

• 니베아 바디로션 CF: 여자 모델이 샤워를 하면서 기뻐하는 모습. 이 장면을 보면 여자들이 얼마나 샤워를 좋아하는지를 알 수가 있다.

5. 여자의 왼쪽은 애인 포지션이다

우뇌는 이미지의 뇌라고 하며 음악, 회화, 도형, 색채, 이미지, 공간 인식, 입체 인식, 상상과 창조, 비논리적 감성을 분담하며, 신체의 왼쪽 부분을 분담하므로 감정에 보다 민감하게 반응한다.

좌뇌는 언어의 뇌라고 하며 언어, 문자, 기호, 분석, 계산, 이해, 추리, 판단, 논리적 사고를 분담하고 신체의 오른쪽 부분을 분담한다.

심리학자, 소크(Soak, L.)가 어떤 동물원에서 관찰한 바에 의하면 갓 태어난 새끼 원숭이를 어미 원숭이가 42회 중 40회를 왼쪽 가슴에 안았다고 한다.

이것은 분명히 의미 있는 행위일 것이라고 생각하며 사람을 통해 관찰해 보니까 오른손잡이 어머니 255명 중 83%가 왼쪽 가슴에, 왼손잡이 어머니 32명 중 78%가 왼쪽 가슴에 아이를 안는 것으로 밝혀졌다. 아기가 심장 박동 음을 듣게 되면 편안해지기 때문이라고 한다.

남자와 여자가 친해지기 위해서 그녀의 왼손을 가볍게 쥐어보자. 그러기 위해서는 나란히 걸을 때는 그녀의 좌측에 위치하면 좋다. 일반적으로 남자가 여자의 우측을 걸으면 그녀는 위화감을 갖기 쉽다.

여자의 우측면에 남자의 좌측 손목이나 좌측 허리가 닿으면 여자는 침착성이 없어지고 걷기에 불편함을 느낀다.

이렇게 불편한 상태로 2~3회 걸어본 후, 자연스럽게 '애인 포지션'인 여자의 좌측으로 걸어보라. 그러면 여자와 더욱 더 친해진다.

그래서 연인과 함께 있을 때, 여자는 남자의 오른 팔에 매달리게 된다. 이것으로 여자는 왼쪽에 특별한 감각을 갖고 있음을 알 수 있다. 우반신보다 좌반신이 매우 민감한 것이다.

부하 여직원이나 연령이 낮은 여자에게 설교할 때는 오른쪽이 좋지만 여자를 설득하거나 구애 할 때는 여자의 왼쪽이 효과적이다.

여자 손님에게 상품을 팔 때도 이 룰을 적용할 수 있는데 손님 왼쪽에서 설명하거나 판매하면 효과적이다.

- 모나리자: 감정을 다스리는 뇌는 머리 오른쪽 우뇌인 관계로 감정표현은 주로 왼쪽 얼굴과 왼손, 왼쪽 다리에서 나타난다. 모나리자 그림에서도 왼쪽 얼굴을 부각시켜 무의식적인 감정표현과 관련 깊다.

- 정관장 광고: 광고사진처럼 여자는 왼편에 남편이나 애인 위치해야 편안해진다. 자동차 드라이브 데이트가 남녀사이를 급격하게 좁혀주는 것도 이 원리이며 사랑의 밀어도 왼쪽 귀에 대고 속삭여야 더 큰 효과를 발휘할 수 있다.

6. 여자는 짜릿한 스피드에 흥분한다

여자는 스피드에 육체적 쾌감을 일으킨다. 자동차와 말도 좋지만 오토바이에는 몇 배 이상 흥분한다. 엔진 소리와 진동이 직접 강렬하게 온몸을 자극하기 때문이다.

꼭 오토바이뿐만 아니라 유원지 롤러코스터에서도 그 경험을 얻을 수 있다. 타고난 후, 여자의 상기된 얼굴을 보면 알 수 있다. 서울대공원 등 놀이공원에는 여자를 흥분시키는 탈 것들이 가득 준비되어 있다.

스피드와 어둠, 높은 곳, 부유감을 느끼게 하고, 흥분시키는 소재이며 해적선처럼 좌우로 크게 흔들리며 진동하는 것도 그것이다.

● 이탈리아 놀이시설 광고: 여자가 롤러코스터나 오토바이를 타는 것은 색다른 체험과 즐거움을 원하기 때문이다. 그 쾌감을 느낄 수 있도록 롤러코스터 비주얼로 표현하였다.

또 드라마나 CF 등에서 남자가 여자 뒤에서 껴안고 좌우로 흔드는 장면을 가끔 볼 수 있다. 이것도 역시 여자를 흥분 시키는 고도의 테크닉이다.

야구장에서 좋아하는 팀을 응원하거나 공포 영화를 보면서 스릴을 동시에 느끼거나 하면 함께 한 사람과 일체성을 느낀다. 이런 현상을 '흥분의 귀속 효과' 혹은 '공포의 귀속 효과'라고 한다.

- HARLEY DAVIDSON 광고: 오토바이는 '자유'의 이미지를 나타낸다. 여자들의 자유본능을 일깨워 주고 짜릿한 스피드 체험을 위해 자연 속으로 떠나고 싶은 마음을 들게 하는 광고다. 민감한 여성은 이 배기 진동음을 자궁에서도 느낄 수 있다고 한다.

예전에 우리나라에서 남녀 은행직원이 금고 속에서 함께 일하다 금고 문이 잠겨서 다음날 나온 일이 있었다. 공포의 시간을 반나절이나 함께 보냈다. 이 두 사람은 몇 달 후에 결혼을 했다고 한다. 함께 체험하는 흥분·공포 심리를 잘 활용하면 남녀 관계에 좋은 결과를 얻을 수 있다.

제12장 여자의 논리성

1. 여자는 숫자에 약하다

일반적으로 여자는 메커니즘에 약한 동시에 숫자와 수학에도 약하다. 예를 들면 천원이라도 싸다는 점포가 있으면 천 원짜리 버스를 타고 그곳까지 찾아 나서는 경우라고 할까… 이것이 여자의 마인드다.

천원이라도 싸다는 구두쇠 정신만 있지 천 원짜리 버스를 탈 때 드는 비용은 미처 계산에 넣지 못하는 것을 볼 수 있다.

여자가 숫자에 약하다는 것은 모든 것에 해당되는 것만은 아니다. 자신의 몸에 관련된 5가지 사이즈 숫자는 모든 여자에게 가장 관심도가 높은 숫자다.

이 5가지 사이즈 숫자란, ①바스트, ②웨스트, ③히프, ④신장 그리고 ⑤체중이다.

한 조사에 의하면 우리나라 여자들이 이상적으로 생각하는 신체 사이즈는 바스트 34, 웨스트 24, 히프 34이고, 신장은 1백 65센티미터, 체중은 48킬로그램이 공통 희망 사항이었다고 한다.

이와 관련된 상품 광고는 이 숫자를 잘 염두하고 활용하면 효과가 높아진다

- 헝가리 다이어트 우유 패키지: 우유 패키지에 유지방 함유량을 한 눈에 알아볼 수 있도록 큼직하게 표시하였다. 다이어트에 관심 많은 여성들에게 선택에 도움을 준다.

- 코웨이 정수기 광고: 송혜교처럼 예뻐지려면 좋은 물 습관으로써 하루 여덟 잔의 코웨이 정수기 물을 마시는 게 좋다고 말한다. 이렇게 구체적인 숫자나 정보가 있으면 상품을 이해하기가 쉽다.

- 원더브라 광고: 여자들이 가장 관심 갖는 숫자, 34-24-36. 원더브라를 착용하면 36이 되어 매력적인 여인이 된다고 말한다.

♣ 카피와 명언

- 예뻐지는 60초. (유판씨)
- 3달 만에 7kg 이상을 목표로 (누트리쿠키)
- 50cm쯤, 그녀의 얼굴이 다가왔을 때 차이가 느껴졌다. (라끄벨르 피치팝)
- 2080치약. (애경)

2. 여자는 간단하다는 말(메커니즘)에 약하다

여자에게 "취미가 뭐냐?"고 물었을 때, 기계 조작이나 모형 조립이라고 하는 사람은 거의 없다. 가정에서 가전제품이 고장 나면 직접 나서서 수리하는 여자도 그리 많지 않다.

그 이유는 분명하지 않지만 우선 난해함과 금속성 자체에 대한 거부 반응 때문일 것이나.

기계를 다루는 남녀 능력 차이를 알아보기 위해 예일대학에서 한 가지 실험을 하였다. 설명서를 주고 비디오카세트에 내장된 여러 프로그램을 활용하는 실험이었는데 남학생 68%는 단번에 제대로 해낸 반면 여학생 중 한 번에 성공한 학생은 16%에 불과했다.

그래서 설득 수단으로서 이론적인 접근 방법은 부적합하다. 이성적 전략보다는 감성적인 무드 전략이면 보다 효과적이다. 감각에 의한 것 즉, 왠지 느낌이 좋고, 싸다는 생각을 갖게 하면 된다.

일본의 한 자동차메이커에서 30대 미만 남녀에게 "자동차 구입 시, 어떤 점에 기준을 두고 선택하십니까?"라는 설문 조사를 했다.

1위가 외관(디자인), 2위가 운전의 편리함, 3위가 승차감이라는 결과가 나왔다. 그리고 자동차 메커니즘을 중요시합니까? 라는 질문의 답으로 남자는 47%인 데 비해 여자는 불과 8%뿐이었다.

남자들은 자동차 구조부터 설명하지 않으면 만족을 못한다. 그래서 매뉴얼은 자동차 구조나 성능을 먼저 설명한 뒤, 조작법을 설명하는 게 일반적이다.

이에 대해 여자는 어떻게 느끼는 것일까? 기계 내용보다는 먼저 알기 쉬운 설명을 통해 조작법을 빨리 마스터하고 싶다고 생각한다.

자동차가 어떻게 해서 작동하는지를 알려하기 보다 빨리 몰고 싶다는 생각이 더 강하다. 여자들은 스스로 논리적이라고 자처해도 이론적이며 설명적인 광고를 좋아하지 않는다.

여자에게 메커니즘을 팔지 말고 이로운 점을 팔아야 한다. 강력한 터보 엔진이 어떻고 어떻고 하는 것보다 경사가 심한 지리산 정상 언덕길도 거뜬하게 올라간다는 얘기가 보다 효과적이다.

- 배달업체 요기요 광고: 스마트 폰 터치만으로도 주문 끝, 결제 끝이라니 이 얼마나 간단한가. 곧 주문 들어간다.

- 금호타이어 광고: "전구 교체할 땐 아빠, 컴퓨터 고장 났을 땐 오빠....타이어 교체는 금호타이어 프로" 평균적으로 기계 다루는데 약한 여성들을 목표 타깃으로 한 광고.

3. 여자는 구체적이고 객관적인 것을 좋아한다

여자는 '두뇌동물이 아니라 정서동물'이라는 말이 있다. 우회적인 표현이나 난해한 말, 관념적, 추상적인 논리를 지양하고, 쉽고 또한 구체적으로 말해 주어야 한다.

약속을 할 때도 '금요일 오후 쯤' 보다 '금요일 오후 7시 압구정동 ○○ 카페'가 더 구체적이고 시각적이다.

50% 세일보다는 '100원에서 50원'이라고 하면 좋다. 그런데 170원짜리를 50% 세일한다고 하면 머리가 복잡해진다. '170원짜리가 85원' 이렇게 말해야 보다 쉽게 이해할 수가 있다.

아파트 분양 광고에서 교통의 편리함은 중요한 세일즈 포인트가 된다. 지하철역에서 1킬로라고 하면 남자는 머릿속으로 "상당히 가깝구나~" 하고 원근감을 깨닫는다.*

그러나 여자는 2킬로미터 하면 어느 정도인지 거리감이 떠오르지 않는다. 왜냐하면 2킬로미터는 머리로 계산하는 거리이기 때문이다.

'걸어서 10분'이라고 말해야 한다.

즉, 정서적 내지는 육체적 이해의 범위인 셈이다. 걷는 시간이므로 누구나 아는 것이다.

'그'와 '그 여자'라는 추상적인 지칭이 아니고 '남편과 아내'라든가 '서로 사랑하는 사람끼리'라는 식으로 이미지가 쉽게 떠오르는 구체적인

---

* 사쿠라이 히데노리 저, 윤정란 역, 여자를 알아야 성공을 잡는다, 행담, 1996.

말이 효과적이다.

• 상가 분양광고: 지하철역에서 불과 30초 거리에 있는 쇼핑몰. 이렇게 짧은 간격을 거리가 아닌 시간으로 표현해 주어야 효과가 있다.

• 아파트 분양광고: 평택에서 강남까지 거리를 표기하지 않고 시간으로 나타냈다. 거리감은 쉽게 이미지가 떠오르지 않지만 시간 즉, 26분으로 표기하면 쉽게 이해가 된다.

4. 여자는 수다(논리)를 즐긴다

여자의 판단이나 의견에는 논리성이 결여된 것들이 많다. 앞뒤가 서로 맞지 않거나, 모순된 내용을 태연히 말하는 경우도 있다.

그 이유는 우선, 감각이나 직관으로 설명하려고 하는 경향 때문이다. 논리적인 접근에는 생리적으로 거부감을 갖는다는 얘기다.

두 번째, 생활공간과 행동반경이 한정되고 억압된 생활에서 받는 응어리를 갖고 있기 때문이다. 어떤 하나의 일에 다른 현상과 연관성을 찾아내기가 쉽지 않다.

자칫 가르치려 들거나 계몽하려는 광고는 실패한다. 또 하나 예를 들어본다. '말의 폭포수, 수다'.

수다는 여자들의 전유물로 인식되며 주제 토론처럼 체계적으로 늘어놓는 것도 아니고, 순서를 정하고, 논리 정연할 필요도 없다.

한 가지 화제로 3명이 모인 것만으로도 3시간은 거뜬하다. 그 잡담을 옆에서 들어보면 상대가 묻지 않는 것까지 자기 마음대로 이야기하며, 자기 나름대로 판단하기도 한다.

같은 내용이라도 이야기로 꾸며서 제시해야 한다. 그래야만 공감하고 마음이 움직이고 행동을 하게 된다.

비슷한 또래의 여자들끼리 얘기하는 장면을 보여주고 대화중에 특정 상품에 대해 자랑하는 광고는 소비자와 쉽게 공감대를 형성할 수 있다.

마케팅에 똑 같은 예산을 쏟아 부었을 때, 여자고객은 남자보다 많은 수익을 안겨준다. 자신이 구매한 상품과 서비스 브랜드에 대한 '충성도와 자신에게 호감을 준 브랜드나 판매사원을 남에게 권하는 '입소문'을 공짜로 활용할 수 있기 때문이다.

• 삼성래미안 기업PR 광고: 여자들은 모여서 몇 시간이고 수다를 떨면서 정보를 교환한다. 좋은 내용이든 나쁜 내용이든 상관없이. 또한 그 내용은 소리 소문 없는 입소문이 된다. 입주한 아파트에 만족한 주부들은 만나는 사람마다 붙잡고 자랑하게 된다.

• 농심 국수 레시피 프로모션 광고: 국수 레시피를 알리기 위해 입소문 전략을 활용하는 프로모션이다. 입소문은 짧은 시간 내 널리, 빨리 알리는데 큰 효과가 있다. 최근에는 파급력 강한 SNS 전자 입소문을 활용한다.

- 커브스 서킷: 커브스는 무남성, 무거울, 무화장의 여자심리를 반영한 3무정책을 펼쳐서 성공한 여성전용 피트니스 클럽이다. 운동기구를 원형으로 배치하여 운동하는 여자들이 서로 마주보고 수다를 떨 수 있도록 하였다.

♣ 카피와 명언

- 소문은 그녀의 비타민 C. (일본 다이하츠 샤레드 자동차)
- 한 사람의 여자 고객은 단순히 한 사람이 아니고 뒤에 숨은 스무 명의 고객 인터넷과 SNS가 발달한 요즘은 수 백, 수 천 명의 고객인 것이다. (buildingin.com)
- 당신이 훌륭한 경력을 쌓는다면 고객들은 그것에 대해 서로 이야기할 것이다. 입소문은 굉장한 힘이 있다. (제프 베조스)
- 지껄이는 즐거움은 여자의 꺼버릴 수 없는 열정인지라, 숨 쉬는 동작과 동시에 나타난다. (알렝)
- 말 수가 적고 친절한 것은 여성의 가장 훌륭한 좋은 장식이다. (톨스토이)
- 여자는 비밀을 지킬 줄 모른다고 일컬어진다. 그것은 잘못이다. 다만 그것이 대단히 어려운 일이기 때문에 몇 명에서 공동으로 알고 있으려는 것이다. (장 드라클)
- 처녀가 아이를 낳아도 할 말이 있다. (우리나라 속담)
- 남자는 듣지만 여자는 말한다. (일본 속담)
- 여성의 입소문은 남성보다 세 배 이상의 전달력이 있다. (일본 속담)

5. 여자는 꿈에 약하다

여자는 항상 안정된 생활을 추구하면서 변화가 없는 일상에서 탈출하고 싶어 한다.* 얼핏 보면 모순된 것 같지만, 여자의 심리 속에는 이 두 가지 감정이 완전히 동화되어 있다.

나이에 상관없이 항상 꿈을 안고 사는 이유가 이 때문이다. 그리고 이 감정이야말로 여자를 가장 여자답게 한다.

어디까지나 여자에게 일어날 수 있고 현실 생활에 근거한 '꿈의 세계'로 유도해야 한다. 여자는 항상 꿈을 먹는 존재이기 때문이다.

화장품 회사는 '꿈을 팔고, 여자는 그 꿈을 산다'는 말이 있다.

"남자한테 사랑 받기 위해서는 이 화장품을 써 보라!"
"이 배우처럼 예뻐지려면 이 화장품을 써 보라!"
"남자한테 시선 받기 위해서도 이 스타킹을 신어 보라!"

'이 화장품을 사용하면 나와 광고 속의 모델과 같은 분위기에 빠질 것이다'라는 착각을 불러일으킨다. 아름다운 여인을 보여줌으로써 이 화장품을 바르면 이렇게 될 수 있다고 동일시한다.

화장품 자체의 가치 즉, 피부 보호라는 하드웨어보다 아름답게 보여줄 수도 있다는 소프트웨어인 환상과 꿈을 제시해야 한다.

할머니도 매일 화장을 하는 할머니는 오래 살고 또 그런 할머니를 좋아하는 할아버지도 오래 산다는 것이다. 사람들에게 호감을 얻고 싶어

---

* 후꾸시마 찌즈고 저, 동방기획 역, 여자를 알면 돈이 보인다, 동방기획, 1996.

하는 데서 왕성한 삶과 의욕이 솟는다. 그것은 삶에 대한 의욕과 표현이며 나이에 상관없이 항상 꿈을 안고 사는 이유다.

늙지 않는 배우 '줄리엣 비노쉬'에게 한 기자가 그 비결을 물었다. 그녀가 말했다. "전 아직도 꿈속에서 살아요."

- 에바스 타임 CF: 충분한 수면은 피부 미인의 첫 번째 조건. 여자에게 좋은 화장품을 쓰고 충분한 수면을 취하면 미인이 될 수 있다는 꿈과 희망을 제시한다.

- 오휘 광고: '새해에는 오휘와 함께 기적처럼 예뻐지실 거예요' 기적처럼 예뻐지고 싶은 여자들에게 꿈을 이루어 주겠다고 속삭인다.

6. 여자는 점(占)에 약하다

여자는 점에 약하다. 점쟁이 집 손님의 거의 대부분은 여자라는 것이 그것을 증명한다. 어릴 때는 별자리 점이나 꽃 점을 보고, 사춘기나 결혼 때가 되면 궁합이나, 사주팔자 등을 알고 싶어 한다.

심리학자, 하이더(Heider, F.)에 의하면 인간은 어떤 현상을 어떤 요인과 인과적으로 결부시켜 이해, 통제하는 경향이 있는데 이것을 '원인 귀속'이라고 한다.

● 인터넷 힐링 운세 광고: 나이 많은 중년 여자들은 무당이나 점집을 찾아다닌다. 반면에 미혼 여자들은 가벼운 마음으로 인터넷 사이트와 스마트폰으로 운세를 상담하거나 또는 여성잡지를 통해서 확인한다.

사람들이 운세, 성격판단을 기대하는 것은 자신이 다른 사람과 어떻게 다른가를 확실히 이해시켜주는 것 즉, 자기의 개인차를 무엇인가에 결부시켜 주기를 바라기 때문이다.

그런데 운세, 성격 판단은 개인차에 대해 직접적이고 단순 명쾌한 답을 선뜻 내주고 있으니 자연히 관심을 갖는다.

"당신의 운세, 성격은 이렇습니다"라는 단정적인 말을 들으면 무언가 맞는 것 같은 생각이 드는데, 심리학에서는 이것을 '특성의 자기 귀속'이라고 말한다.

● 피죤 홈 페이지 프로모션 광고: 피죤 광고모델 김수현과 여성 소비자와의 궁합지수를 맞추는 '김수현과 당신의 애정지수는?' 이벤트. 여심을 사로잡는 매력을 맘껏 발산한다.

그러면 왜 여자들은 점을 좋아하는가?*

첫 번째 이유는 암시에 걸리기 쉽기 때문이다. 두 번째 이유는 권위에 약하고 신비성을 좋아하기 때문이다. 그래서 점쟁이들은 역사 위인, 현존하는 유명인, 저명한 학자 등의 이름을 입에 올리거나 수염을 기르거나 도포 옷차림, 장엄한 목소리, 기묘하게 그려진 부적, 염주 등의 소도구를 사용한다.

이러한 소도구들은 위광효과(Prestige Effect)를 높이는 데 기여한다.

---

* 시라이시 고오이찌 저, 박달규 역, 재미있고 즐거운 심리학, 한국산업훈련연구소, 1993.

가장 근본적인 원인인 세 번째 이유로 여자는 남자보다 장래의 불안감이 훨씬 강하기 때문이다. 일상생활에서 굳은 결의를 갖고 실행하는 결단력이 다소 부족하다.

이 때문에 중대한 기로에 서면 최종 순간에 이르기까지 혼자서 고민하다 마침내 운명을 하늘에 맡긴다는 심정으로 남의 말을 따른다. 즉, 최종적으로는 남에게 의존하는 경향이 있다는 말이다.

입시철이 다가오면 초조한 학부모들은 점집과 철학관을 찾는다. 합격 여부를 물어보는 데서 그치지 않고 수능 대박을 위해 10만 20만 원을 호가하는 부적도 구입한다.

특히 미혼 여자일 경우에는 평소 점을 불신하더라도 결혼 때가 되면 친숙하게 된다. 어렵고 심각한 문제에 대한 점보다도 '수상', '관상' 등 가벼운 것을 광고 소재로 하면 주목률이 높아진다.

♣ 카피와 명언

- 바넘 효과(Barnum Effect)
  점쟁이 말은 처음부터 끝까지 막연하다. "남에게 말 못할 고민이 있군요"라는 말을 잘하는데, 듣고 보니 고민이 있긴 있다.
  세상에 고민이 없는 사람이 어디 있을까. 그런 말에 휘말려 들어 용한 점쟁이라고 고개를 끄덕이고 만다. (도서, '상대적이며 절대적인 인간관계 지식특강'에서)

제13장 ‖ 여자의 일반적인 특성

1. 여자는 질투심이 강하다

'여자의 적은 여자'라는 말이 있다. 이는 질투심의 전형이다. 질투심은 여자의 약점인 동시에 여자를 성장시켜 주는 장점이 되기도 한다. '거지가 부러워하는 대상은 백만장자가 아니라 자신보다 좀 더 형편이 나은 다른 거지들이다'라고 영국 철학자, 버틀란트 러셀(Bertrand R.)이 말했다.

인간은 누구나 자신의 라이벌을 칭찬하면 그다지 기분 좋을 리가 없다. 즉, 자신이 간접적으로 비방 받는다는 생각을 갖기 때문이다. 여자는 자신 이외의 동성을 라이벌이라고 생각하는 경우가 많다.

라이벌을 비방하면 간접적으로 칭찬받는 듯한 기분이 든다. 이러한 심리 메커니즘을 '암묵의 강화'라고 한다. '약한 것이 약한 것의 적이 된다'는 말이 있다. 동물을 같은 우리에 몇 마리 함께 넣었다.*

그러면 힘과 힘의 다툼이 시작되고 곧 서열이 정해진다. 강한 동물 즉, 서열 1위인 동물은 먹이와 암컷 획득에 권리를 얻는다. 자기보다 약한 것을 쓰러뜨리고 먹이를 빼앗는다.

약자는 적의를 느끼긴 해도 강자에게 대들지 못한다. 방어 본능이 작용하기 때문이다. 대신 그 적의를 자기보다 약한 것으로 돌려 적의를 해소한다. 이것은 인간 사회에서도 그대로 적용된다.

남편이 다른 여자와 바람이 났을 때도 그 현장을 목격한 아내는 자기

---
* 최광선, 여성심리, 기린원, 1990.

남편이 아닌 그 여자에게 상처를 낸다. 당연히 남편에게 상처를 내야 하는데 실제로 부상을 입은 사람은 남편의 애인이다.

그러면 질투심이 강한 여자는 어떤 타입인가? 자기 자신의 의견을 가지고 있지 못하다. '나는 이렇게 하겠습니다'라는 의견이 없이 다른 사람 의견에 잘 따르는 타입이다.

- 케라시스 샴푸 광고: 헤드라인 '내 헤어엔 힘이 살아나고 그녀들은 기가 죽어갔다' 헤어스타일이 멋지면 다른 여자들의 질투심을 유발하기에 충분하다.
  그래서 질투는 여자를 아름답게 만드는 에너지다.

- 엘라스틴 샴푸 광고: 이성이나 동성에게 질투심을 유발시키는 가장 확실한 방법은 예쁘거나 매력 있는 사람으로 만드는 것. 때로는 질투심이라는 적당한 자극도 필요하다.

또 이런 타입은 이상의 자기(Ideal Self)와 현실의 자기(Present Self)사이에 격차가 크다. 높은 이상을 가지고 있으나 현실의 자기 매력과 기량은 이상과 격차가 너무 크다. 이런 타입은 부나 명성, 신체적 매력 등 소위 다른 사람의 눈에 띄기 쉬운 일에 높은 가치를 둔다.

- 교원 빨간펜 광고: 앞집 애는 맨날 1등, 뒷집 앤 알아서 척척척. 앞집 엄마와 뒷집 엄마에게 심한 질투심을 불러일으키는 것이다. 배고픈 건 참아도 배 아픈 건 못 참는다.

♣ 카피와 명언

- 내 남자에게서 낯선 여인의 향기가 난다. (화장품 광고)
- 질투는 여자의 힘. (롯데칠성음료 플러스마이너스)
- 아직은 아름다운 나이, 40대를 위하여. "처녀땐 예뻤겠네요"란 말은 만족할 수 없다. (아모레 고아)
- 공기처럼 가벼운 사소한 일도 질투하는 이에게는 성서의 증거처럼 강력한 확증이다. (셰익스피어)
- 질투가 없는 사랑은 진정한 사랑이 아니다. (탈무드)
- 질투는 남성에게 있어서 약점이지만 여자에게 있어서는 한 가지 장점이다. (A.프랑스)
- 질투하지 않는 여자는 여자도 아니다. (영국속담)

2. 여자는 유행에 약하다

유행이란 뭔가 새로운 것이 사람들 사이에 보급되어가는 과정이라고 할 수 있다. 여자는 유행, 유행은 여자라고 할 만큼 여자와 유행은 떼려야 뗄 수 없는 관계이다.

예전에는 영국의 다이애나 비, 요즘은 케이트 미들턴 왕세손비가 새로운 디자인의 의상을 입으면 유럽 사교계의 상류계층은 이를 흉내 내고 다시 서민들에게까지 폭넓게 유행된다.

세일즈맨들이 흔히 쓰는 수법 중의 하나도 유행 즉, 대세를 따르게 하는 것이다. "요즘 부모들 치고 아이들에게 영어교육 안 시키는 사람이 어디 있어요?"라고 대세를 강조하면 설득력이 높다.

'당신네만 아이들 교육에 무관심 하군요'라는 의미가 숨겨져 있는 메시지를 전달하여 대세를 따르지 않음에 대한 불안감을 유발시킨다.

무조건 자기네 물건을 구입하는 것이 좋다는 말보다 월등하게 효과적임에 틀림없다. 거기다가 "이 아파트에 사시는 OOO 교수님 있잖아요. 그 집 아이들도 이것을 하고 있어요."라고 덧붙이면 더 효과적이다.

이 같은 이유로 탤런트들이 입고 나온 옷이나 액세서리, 머리 스타일이 유행하고 연속극에 등장하는 가구들이 불티나게 팔리는 것이다. 이 유행에 유혹 되는 여자의 심리 조건은 무엇일까?*

첫 번째는 새로운 것에 대한 호기심(Curiosity)이다. 특히 여자는 단연

---

* 시라이시 고오이찌 저, 박달규 역, 재미있고 즐거운 심리학, 한국산업훈련연구소, 1993.

패션 쪽에 관심이 많기 때문에 패션은 유행의 대표라고 볼 수 있다. 누구보다도 세련되고 현대적이라야 안심한다.

두 번째는 사회적으로 저명한 사람(Prestige)과 일체가 되고 싶은 욕구 표현이다. 자신은 비록 귀족이 아니지만 귀족이 걸친 옷과 같은 옷을 입으면 사회적 명성을 얻을 수 있다고 생각한다.

이 때문에 패션은 여자의 권위주의를 대표적으로 볼 수 있는 사회 현상이다.

세 번째는 남들로부터 소외되지 않으려는 심리 즉, 일치성(Conformity)추구 때문이다. 두 번째와 세 번째는 서로 모순된 것이지만 이 양자가 여자 마음속에 공존한다.

또 남들이 다 소유하면 너무 흔하기 때문에 구매를 기피하고 혼자서 잘난 체 하는 것을 '속물효과(Snob Effect)'라고 한다.

밀라노와 런던, 파리 컬렉션에서 올 봄에 이런 칼라, 이런 디자인이 유행할 것이라고 발표하면 여자와 패션업체는 무조건 달려들게 된다.

● LG DIOS 광고: '이제, 홈바 스타일 냉장고 시대는 지났다.'
앞으로는 매직 스페이스 냉장고가 유행할 것이라는 점을 알리는 광고다.
주부는 이 광고를 새 냉장고 구매할 때까지 기억할 것이다.

♣ 카피와 명언

- 허깨비 유행 쫓아가지 않고 진짜 유행을 창조합니다. (샘이 깊은 물)
- 강남 패션 1번지. (그랜드백화점)
- 여자에게 패션은 원초적 본능. (그레이스백화점)
- 늘 앞선 감각의 세련된 여성, 미스미스터. (미스미스터 구두)
- 언제나 바람을 일으키는 건 옷이었다. (그레이스백화점)
- 유행은 사회의 집단적 무의식 속에 그 뿌리를 두고 있다. (J. 레이버)
- 유행을 벗어난 바보가 되지 말고, 유행을 따르는 바보가 되라. (I. 칸트)
- 유행을 쫓는 여인은 제 스스로를 연모하고 있다. (라 로슈프코)

3. 여자는 인간의 네 번째 본능, 호기심에 강하다

그리스 신화에 나오는 인류 최초의 여자, 판도라. 판도라는 인간의 불행이 담긴 금단의 상자를 호기심을 참지 못하고 열어봄으로써 인류에게 죽음과 병을 안겨주었다. 판도라 상자는 여자의 호기심을 신화적으로 묘사한 이야기다. 또 사이키가 큐피트 얼굴을 보려고 큐피트와의 약속을 저버리고 밤에 몰래 숨어들어 가서 그만 큐피트 얼굴을 보게 된다. 이도 역시 여자의 참을 수 없는 호기심 때문이었다.

그래서 여자는 겁이 많으면서도 무서운 것을 보고 싶고, 만져 보고 싶어 한다. 두려워하면서도 경험해 보고 싶고, 접해 보고 싶어 한다.

밖에는 지금 비바람, 폭설에 맹수들이 우글거리고 있는데도 불쑥 고개를 내밀어 본다. 자신은 약하니까 휘말리게 되면 빠져 나올 수가 없다는 것을 너무나 잘 알면서도 잠깐 머리를 내밀어 본다.

호기심을 반드시 나쁘다고만 할 수 없다. 또 본능적으로 위험에 처할 만한 일을 저지르지도 않는다.

여자는 여자들끼리 낯선 장소로 여행가기를 좋아한다. 여행은 마음을 들뜨게 만들기에 로맨스가 시작되기 쉽다. 여행을 하다가 '우연한 사건이 일어날 것이다'라는 막연한 기대 때문에 여자들은 다투어 여행을 떠난다.*

---

* 와타리 노리히코 저, 박문숙 역, 여자는 이럴 때 지갑을 연다, 독자와 함께, 1993.

'어떤 우연한 일이 일어날 것이다'라고 생각하지만 그것이 어떤 일이라는 것은 알 수가 없다.

그것이 위험한 일이니 신기한 일인지도 잘 모른다. 그러나 뭔가가 우연히 일어날 것 같은 막연한 느낌이 든다. 이러한 호기심이 이상하리만큼 여행 붐을 일으키는 원인이 아닐까?

거기다가 자연으로 회귀다. 고향으로의 복귀다. 인간성 회복이라는 등 '역사 현장을 방문해 보는 것은 옛 것으로의 회복이다'라고들 흔히 말하고 있지만 결국 따져보면 '뭔가가 특별한 일이 일어날 것이다'라는 기대감이 심리 속에 잠재해 있다. 그래서 호기심을 불러일으키는 것이 중요하며 이 호기심은 호감으로 연결된다.

● 한미약품 구구 티저 광고: 소비자들에게 한껏 호기심과 궁금증을 유발시켜 상품명을 짧은 시간 내에 알리는 티저광고다.

● 리더스북 '소문의 여자' 광고물과 표지 디자인: 여자의 잘록한 몸매 실루엣에 책 제목만 적어 넣은 홍보카드를 배포하여 흥미와 호기심을 불러 일으켰다. 호기심 자극 마케팅으로써 관심 끌어 서점 인기 순위 집계에도 올랐다.

4. 여자의 변신은 무죄다

여자는 변신과 변화를 좋아하는 존재이다. 남자는 성장 욕망이 강하고 여자는 변신하기를 꿈꾼다. 그래서 어떠한 환경 변화 속에서도 살아갈 수 있는 강한 힘을 갖고 있다.

방의 구조를 바꿔봄으로써 자신을 전혀 새로운 환경에 놓아두는 일도 심리적으로 변화 욕구를 얻는 데 상당히 효과적이다.

일반적으로 여자가 패션, 헤어스타일, 화장에 신경을 쓰는 것은 남과 다르다는 것을 보이고 싶은 심리 표현이다.

그런 여자는 '나 뭐 변한 것 없니?'라고 변한 모습을 일부러 남에게 확인을 요구하는 행동을 취한다. 그래서 '너 요즘 많이 변했다'라는 이 한마디가 여자 마음을 움직인다.

화장은 변신의 도구로 사용되며 또한 일종의 변신의 행위라고 말할 수 있다. 화장발이 먹히는 이유도 여기에 있다. 한때 맹렬하게 유행한 헤어피스(가발)를 회사에서 퇴근할 때 세면장에 들러 마치 모자를 눌러 쓴 것처럼 짧은 머리가 여자다운 긴 머리로 되어 분위기가 바뀐다.

안경을 바꿔 본다거나, 선글라스를 껴 본다든가, 머플러를 둘러보거나, 핀을 꽂아 본다든가 실로 신선하다고 할 수밖에 없는 변신이다.

왜, 이렇게 여자는 필사적으로 변화를 추구하는 것일까?* 오랫동안 가정에 파묻혀 식사 준비와 그 뒷정리, 세탁과 청소 등을 365일 전혀

---

* 후꾸시마 찌즈고 저, 동방기획 역, 여자를 알면 돈이 보인다, 동방기획, 1996.

바뀌지 않고 반복해 왔다.

 인간이 생활을 하는 데 있어 가장 기본적이고 꼭 필요한 작업임에도 불구하고 가족들은 이를 당연시하고, 사회적으로도 아무런 평가를 받지 못하자, 점차 높은 학력 수준을 갖게 된 여자들은 불만을 갖게 되고, 가전제품 보급과 즉석 요리 식품 개발로 가사 시간이 단축되어가고 육아도 자녀 수 감소로 상당히 수월해졌다.

● 여성용 잡지 LAIMA 광고: 해도 해도 끝이 없는 집안 가사일로부터 해방되고 싶다는 것은 여자들의 바람. 이 잡지를 읽게 되면 생활의 변화 추구와 해방감을 얻을 수 있다고 말한다.

 이러한 요인이 겹쳐서 주부도 자극이 없는 일상생활로부터 해방되길 열망하여, 드디어 행동으로 옮기기 시작하였다.

 여자는 항상 새로운 것으로 바꾸는 것을 원하며 변화가 없는 일상생활에서의 탈출을 시도하고 있다. 여자는 '자극'을 찾아 여행을 가고 쇼핑한다는 것을 꼭 염두해 두어야 한다.

♣ 카피와 명언

- 여자의 변신은 무죄, 르느와르. (금강제화)
- 엄마도 몰라보게 변신하겠습니다. (두타몰)
- 순수化, 하루 종일 LG화학과 자연을 만나면 마음까지 맑고 깨끗해집니다. (LG화학)
- 행복化, 하루 종일 LG화학 속에 살면 작은 미소도 큰 행복이 됩니다. (LG화학)
- 감동化, 하루 종일 LG화학으로 세상을 달리면 더 큰 감동을 만나게 됩니다. (LG화학)
- 사랑化, 하루 종일 LG화학으로 속삭이면 더 아름다운 사랑이 됩니다. (LG화학)
- 여자는 변화하기 쉽고, 변덕스러운 존재이다. (베르길리우스 마로)
- 여자는 완전하게 변화할 수 있다는 무서운 재능을 지녔다. 순간적인 소멸이나 순간적인 재생은 그녀를 사랑하는 남자들을 두렵게 만든다. (로맹 롤랑)
- 사랑하는 남자의 간절한 소망이라면 어떤 모습으로도 변할 수 있는 것이 바로 여자다. (바리)

5. 여자의 지배욕 대상은 아이와 남편이다

여자가 남을 지배하고 싶은 욕망이 강하다는 것은 이해하기 어려울 것이다. '지배'라는 말은 남자에게 있어서 전쟁, 영토 확보 등으로 생각하지만 여자의 경우는 남자와 다르다. 그 대상은 '자식'과 '남편'이다.

어린 시절부터 집단(학급) 속에서 항상 주인공이 되고 싶다는 '신데렐라 콤플렉스'에 사로잡힌다. 소녀기에 이런 꿈을 이룰 수 없었던 사람은 성장하여 결혼할 때가 되면 "아이가 태어나면 반드시 피아노를 가르쳐야지…"하며 이번에는 자기 자식에게 그 꿈을 의탁한다.*

● 대교 눈높이 국어 광고: 여자의 지배욕 대상은 남자와 다르다. 바로 남편과 자식이다. 엄마는 TV를 외면하고 자신의 뜻대로 열심히 공부하는 자식을 보면 지배욕이 충족되어 흐뭇해한다.

---

* 후꾸시마 쪼즈고 저, 동방기획 역, 여자를 알면 돈이 보인다, 동방기획, 1996.

자신의 생각대로 의지대로 조종하겠다는 것이 여자의 '지배욕'이다. 흔히 엄마들이 자식들에게 하는 말을 생각하면 이해가 된다. "하지 마! 안 돼! 공부해! 빨리 와!"를 연발한다.

이렇듯 주도권을 잡고 싶어 하는 것을 알 수 있다. 또 백화점 남성복 매장에 가보면 부부가 함께 와서 양복 고르는 장면을 볼 수 있다. 자세히 보면 양복 선택 결정권은 거의 아내에 의해 좌우된다.

멋진 남편, 매력 있는 남편으로 꾸며주어 지배 욕구를 충족하고 싶어 한다.

멋진 짝이나 매력 있는 남편과 함께 있을 때, 사회적인 지위나 자존심이 고양되는 것을 심리학에서 '방사효과(Radiation Effect)'라고 한다.

● ALLEN SOLLY 광고: 여자는 세련되고 멋진 옷을 입으면 남편이나 남자친구 혹은 뭇 남자들을 내 맘대로 조절하거나 지배할 수 있다는 메시지다.

♣ 카피와 명언

- 남자는 여자하기 나름이에요. (삼성전자)
- 아직도 엄마의 철없는 아들입니다. (신세계)
- 남자들도 이젠 세일을 알아야 한다. (신세계)
- 꽃미남은 태어나지 않는다. 여자 친구에 의해 키워지는 것이다. (CJ몰)
- 여자를 재는 세 가지 잣대가 있다. 요리, 복장, 남편. 이 세 가지는 그녀가 스스로 만드는 것이다. (유태격언)
- 어머니는 아들의 반을 완성시키고, 남은 반은 아내가 완성시킨다. (롤랑)

6. 여자는 협박과 겁에 약하다

"지진이 일어나면, 화재가 일어나면, 자식이 입시에서 떨어지고 남편이 바람을 피운다면… 어떻게 하지?" 이렇게 사태가 벌어지고 난 후에 걱정해도 될 것을 여자는 미리 걱정한다.*

여자는 보는 것, 듣는 것 모두가 불안의 재료가 되는 셈이다. 이것은 자기 방위 본능이 강한 여자가 자신의 보금자리(자신을 둘러싼 환경)가 위협 받는 것을 극단적으로 두려워하기 때문이다.

"자외선은 피부의 적입니다", "지금 당신은 늙어가고 있습니다", "여자 나이 40이면 허리가 휘기 시작합니다" 이것이 여자에게 주의를 끌고 관심을 갖게 하는 데 좋은 헤드라인이다.

시인 괴테는 '인간을 행동하게 하는 2개의 지렛대가 있다. 그것은 공포와 이익이다'라고 말했다. 그러면 어느 정도의 협박이 효과적일까?

위협 소구(Appeal)에 대한 최초의 연구자, 제니스(I.L.Janis)와 페쉬바흐(S.Feshbach) 실험이 있다. 치아 위생에 관해서 5분간의 강연을 4개 그룹으로 실시하였다.

첫 번째 그룹에게 '입안 손질이 나쁘면 치아에 돌이킬 수 없는 상태가 된다'고 강한 협박을 하고, 두 번째 그룹은 '부드럽게 2~3개의 충치가 생길 수 있다'고 협박하였다.

세 번째는 중간 정도의 협박을 하고, 네 번째 그룹은 협박을 전혀 하

---

* 후꾸시마 찌즈고 저, 동방기획 역, 여자를 알면 돈이 보인다, 동방기획, 1996.

지 않았다.

 그 결과 강한 협박성 이야기를 들었던 그룹 쪽을 주목했지만 1주일 후에는 세 번째 그룹과 전혀 협박을 하지 않았던 네 번째 그룹 사이에는 복종도의 차가 없었다.

 즉, 협박이 너무 강하면 오히려 효과가 없다는 것이다. 그 이유로 첫 번째 그룹은 협박이 너무 강해서 걱정이 지나쳐 지시에 따르지 않게 되고 두 번째 그룹은 걱정으로부터 벗어나기 위해 그런 일을 믿을 수가 없다고 생각하기 때문이었다.

 오히려 걱정으로부터 회피 시키는 효과를 낳기가 쉽다. 따라서 여자에게 적당한 협박과 겁은 적극적 행동을 낳게 한다.

● 소망화장품 광고: 인간은 목이 가장 먼저 늙는다고 한다. 여자는 이 카피에 두려움과 공포심을 갖고 당장 이 상품을 구매한다.

제13장 여자의 일반적인 특성　217

- 해외 요구르트 광고: 마릴린 먼로 출연 영화를 패러디하였다. 살이 찐 광고 광고모델을 보면 불편한 느낌 갖게 되는 건 어쩔 수 없다. 뚱뚱한 광고모델 비주얼로 약간의 겁을 준다고 볼 수 있다.

- 페리오치약 광고: 치아 칼라는 사람의 이미지에 영향을 준다. 치아관리 중요성을 강조하기 위해서 치아와 나이를 연결시켜 위협한다.

♣ 카피와 명언

- 28세라도 23세로 보이는 사람, 32세로 보이는 사람. (와코루)
- 뒤돌아서면 잊어버리는 나이라면……(유한양행 영양제 벡스)
- 20대 피부 속, 이미 노화는 진행되고 있습니다. (엔프라니 에이지 리세스)
- 자외선은 모발의 적. (랑데뷰 샴푸)

7. 여자는 지적이고 싶어한다

여자는 '지적이고 싶다'라는 소망이 강하다. 그래서 '얼굴을 칭찬하기보다는 지성을 칭찬하라'는 말도 있다.

난공불락의 미녀가 있다. 얼굴도 예쁘고, 몸매도 늘씬하다. 세상 모든 남자들에게 한숨을 쉬게 할 정도의 미모였다. 당연히 그 여자의 아름다움을 칭찬해주는 남자는 부시기수였시만 그 누구에에도 마음의 문을 열지 않았다.

그런데 어느 날 보통 남자들과는 다른 말을 해주는 남자가 나타났다. 그 여자 용모에 대한 말은 한마디도 하지 않는다.

'대화의 센스가 뛰어나다', '지적이다'라는 색다른 칭찬에 그녀는 허무하게 항복하고 말았다.

같은 칭찬이라도 자신이 인정하고 있는 것을 칭찬 받는 '자기 확인 칭찬'보다 자신이 알지 못한 점을 칭찬해주는 '자기 확대 칭찬'은 분명히 자신의 새로운 매력을 발견해 주는 칭찬 쪽이 기쁜 것이다.

여자는 결코 자신을 바보라고 생각하지 않는다. 흔히 '나는 멍청해서'라든가 '나는 머리가 나빠서…'라고 말하는 여자가 있지만 본인은 결코 본심에서 그렇게 생각하는 것은 아니다.

바보가 되고 싶지 않다는 매우 강한 반발심이 여자의 마음 한구석에는 항상 존재하고 있는 것이다. 여자는 지적인 대화를 나누고 싶고 우아해지고 싶다는 욕망이 강하다.

- 청호나이스 기업PR CF: 지혜로운 엄마가 되고 싶다면 청호와 함께 하루를 시작하세요. 엄마의 사랑처럼 세상 단 하나뿐인 기술을 생각합니다. 엄마의 지혜 청호나이스.

- 지적인 여성'의 도서 표지 디자인: 아름답고 지적인 여성은 여자의 로망이다. 이 책이 지적인 여성이 되는 방법과 노하우를 상세하게 제공해 줄 것이다.

지금은 여성의 사회 진출이 크게 늘어났다. 남자와 같이 직장에서도 실력과 능력을 발휘하고 있지만 일이 끝나면 역시 여자이고 싶다. 지적이고 엘레간트한 여자.

실제로 일본에서 '지적인 여성을 위한 0000'이라는 책이 베스트셀러가 된 사례가 있을 정도로 여자는 지적이라는 말에 약하다.

인간행동학으로 보면 누군가의 앞에서 책을 볼 때는 '쇼 오프(Show- Off ;과시) 효과'가 나타난다. 읽고 있는 책을 통해 나의 지성을 표현하거나 과시하려는 욕구다.

1980년대 우리나라 대학생들이 미국의 시사 잡지 타임지 표지가 보이게 들고 다닌 것과 같은 맥락이다.

- 교보생명 광고: 주부는 남편과 아이들은 물론 주변사람들로부터 살림 잘하고 가족을 사랑하는 현명한 아내라는 평가를 받고 싶은 욕구가 있다.

♣ 카피와 명언

- 두뇌가 녹슬지 않은 여자들을 섬기려 애씁니다. (샘이 깊은 물)
- 진짜만 꽉 실린 요란하지 않은 수레. (샘이 깊은 물)
- 대한민국에선 남자들이 여자를 우습게 본다? (행복이 가득한 집)
- 두뇌가 녹슬지 않은 여자들을 섬기려고 애씁니다. (행복이 가득한 집)
- 지혜로운 선택, 색다른 감동. (엘지유통)

8. 여자는 권위에 약하다

한두 가지 좋은 점을 가지고 그 사람의 모든 것을 좋게 보는 것을 '후광효과(Halo Effect)라고 한다.
여자는 보수적이고 현상 유지를 존중하기 때문에 한번 믿어버린 권위는 좀처럼 버리기가 어렵다. 따라서 권위에도 잘못될 수 있다는 것을 인정하기가 대단히 어렵다.
후광효과를 가장 단적으로 설명해 주는 음악 감상 실험이 있다. 먼저 음악 평론가가 '이 음악은 어느 유명한 바이올리니스트가 연주한 것인데 섬세하고 화려한 연주로 정평 있는 것'이라고 그럴듯하게 주석을 붙인다.
그 다음에는 '음악 학교의 학생이 연주한 것으로 같은 곡일지라도 연주 방법에 의해서 어느 정도 차이가 있는 지를 주의해서 들어 보십시오'라고 하며 똑같은 것을 들려준다.
10명중 9명은 전문가 설명을 그대로 받아들여 전혀 다른 음악을 들려주었다고 믿는다.
또 하나의 예를 들어보자.* 무슨 무슨 표준 마크 같은 것을 들 수 있다. 상품의 품질이나 규격 내용을 나타내는 수많은 마크들의 차이를 분명히 구별하지 못하는 것이 일반 소비자들이다.
많은 기업들은 이런 마크를 획득하기 위해서 엄청난 노력과 대가를

* 와타리 노리히코 저, 박문숙 역, 여자는 이럴 때 지갑을 연다, 독자와 함께, 1993.

지불하기도 한다. 기업이나 제조사는 이런 마크들을 최대한 활용하면 좋다. 여자는 이 마크가 무엇을 의미하는지 잘 몰라도 믿을 수 있는 마크라는 것을 어렴풋이 깨닫는다.

● 청호나이스 정수기 CF: 정수기를 노벨상 수상자가 연구해서 만들었다.
노벨상이라는 권위에 여자는 더 이상 살펴볼 필요 없이 상품에 대한 신뢰감을 갖는다.

● 오뚜기 토마토 케챂: 토마토가 10대 건강식품으로 선정됐다.
선정은 오뚜기가 한 것이 아니라 세계최고의 잡지, 타임지가 선정하고 소개한 내용이다. 타임지라는 권위에 제품 신뢰도가 높아진다.

말하자면 마크가 붙어 있는 것은 안심하고 믿을 수 있는 것이라고 생각하기 때문이다. 효과를 얻을 수 있는 내용이라면 붙이는 것이 효과적이다.

특히 전문가에 의한 추천 광고는 구전효과가 있다. 이것을 심리학에서 '위광효과' 혹은 '위신효과'라고 하며 유명 탤런트를 등장시킨 CM도 이 예에 속한다.

유명 탤런트가 등장한 CM의 상품을 사용하면 나의 자존심이 올라간다고 생각하는데 이것을 심리학에서는 '자존심 고양 효과(Self-Esteem Enhacing Effect)'라고 하며 '저도 쓰고 있습니다'라며 추천하고 장려할 경우, 신뢰감이 높아지는 것을 '추장 광고 효과'라고 한다.

● 페리오치약 광고: 치아 전문가는 치과의사. 그의 아내는 어떤 치약을 쓰고 있을까? 치과 의사 가족이 사용하는 치약이라면 신뢰가 간다.

9. 여자는 동정심에 약하다

여자는 자신과 같은 처지에 있거나 자신보다 못한 처지에 있는 사람에게는 특히 강한 동정심을 갖는다.* 그러나 자신보다 처지가 좋은 사람에 대해서는 이해심 부족으로 시샘한다.

그래서 백화점 매장 여직원에게는 반지나 목걸이 등을 착용하지 못하도록 한다. 만일의 경우, 손님보다 고가의 고급 액세서리를 착용한 모습을 보면 손님 기분을 상하게 할 수도 있기 때문이다.

백화점이 아무리 훌륭해도 여자 손님의 심리를 불편하게 하면 손님은 발길을 끊는다. 이런 여자 심리를 백화점 경영주는 잘 파악하고 있는 것이다.

최근 불황으로 인해 명예퇴직제도, 감원 등의 위기에 빠진 남편들이 늘어나고 있다.

또 고도의 산업 사회가 될수록 남자 권위는 축소되고, 여자의 주도권과 권위가 신장되어 감에 따라 남자들은 가정에서 날로 위축되어 간다.

최근에 사회에서 기죽은 남편을 위해서 여자들이 '남편 기 살리기 운동'이 실시되기도 했다.

여자 위주로 가정이 이루어지는 현실 속에서 여자들이 중년 남성 즉, 남편에게 관심을 갖고 배려하기 시작하였다.

이러한 사회 현상을 반영하듯이 광고에도 등장하기 시작하였다. 세탁

---

* 와타리 노리히코 저, 박문숙 역, 여자는 이럴 때 지갑을 연다, 독자와 함께, 1993.

중에 남편 옷에서 동전 떨어지는 것을 발견하고 직장 일로 지쳐버린 남편의 안쓰러운 모습을 떠올리다 주머니에 몰래 용돈을 넣어주는 장면의 광고는 감동적이다.

● 후시딘 광고: 아이가 다치면 엄마는 "차라리 내가 다쳤으면~" 하는 간절한 마음을 갖는다. 물론 다른 집 아이라도 마찬가지다. 그만큼 여자는 남의 슬픔이나 아픔에 동정심을 갖는다.

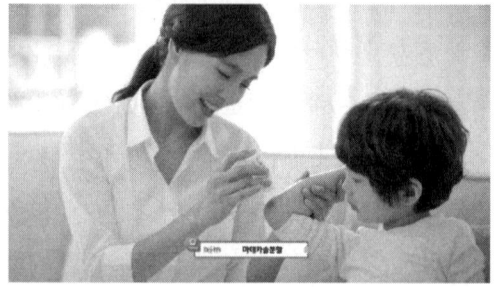

● 마데카솔 분말 광고: 엄마는 다친 아이의 상처를 보면서 가슴 아파하며 사랑으로 치료해 준다. 남의 아이라도 마찬가지.

● 파나돌 어린이 진통제 광고: 아이가 아프면 엄마도 아프다.
자식을 사랑하는 엄마의 마음은 동정심이다.

♣ 카피와 명언

- 여보! 아버님 방에 보일러 놓아 드려야겠어요~ (귀뚜라미보일러)
- 오늘은 속이 불편 하구나! (쌍용기업PR광고, 선생님이 도시락을 싸오지 않은 제자에게 자신의 도시락을 건네주며 하는 말)
- 동정심은 모든 도덕성의 근본이다. (쇼펜하우어)
- 당신이 내일 만날 사람들 중 4분의 3은 동정심을 갈망할 것이다. 그것을 그들에게 안겨주라. 그러면 그들은 당신을 사랑할 것이다. (데일 카네기)
- 당신의 슬픔이 아무리 크더라도 사람들의 동정심속에는 반드시 경시하는 마음이 섞여 있다. (루터)

10. 여자의 계절은 2주 빠르다

여자는 계절 변화에 아주 민감하다.* 계절 따라 의상을 바꾸는 일은 여자의 최대 관심사이다.

그래서 남자보다 빠르게 계절에 민감하게 반응한다. 코트 벗던 날, 반소매로 바꿔 입던 날에 칭찬하면 효과적이다.

특히 겨울부터 봄, 봄부터 여름이 될 때는 활발해지며 적극적이기 때문에 광고매체를 통한 유혹이 용이한 때이다.

보통 때는 옷이나 액세서리 등에 남자들이 상상할 수 없을 만큼 신경 쓴다. 소녀 시절, 처녀 시절만이 아니라 과장하면 죽을 때까지 옷에 대해 집착한다. 여자는 계절 변화를 민감하게 의상으로 표현한다.

계절을 한 발 앞서 재빨리 의상에 받아들인다. 결코 남보다 뒤지고 싶지 않은 것이다. 그래서 '멋쟁이는 계절보다 2주일 더 빨리 옷을 갈아입는다'고 말한다. 2주일 더 빠르든지 늦는지는 별 문제고, 남보다 조금 더 빨리 그 계절에 맞는 옷을 입고 싶어 하는 것이 여자 심리다.

예를 들어, 3월 23일이 봄의 시작이라고 하면 23일부터 봄옷으로 갈아입는 것이 아니다. 다소 쌀쌀하더라도 3월 10일 경부터 경쾌한 봄옷으로 갈아입는다. 절대 남보다 뒤늦어서는 안 된다는 생각을 갖고 있다.

여자의 계절은 2주 먼저 시작되며 준비한다는 것을 명심해야 한다.

약간 춥더라도 여자는 참는다. 계절은 여자들에게 있어서 최대 관심

---

* 와타리 노리히코 저, 박문숙 역, 여자는 이럴 때 지갑을 연다, 독자와 함께, 1993.

사이다. 따라서 '금년 여름은 짧고, 가을은 빨리 온다'는 예보가 있으면 그 각오와 준비하는 자세가 옆에서 보기에도 비장할 정도이다.

- 스포츠클럽 XAX 광고: 헤드라인은 '세상은 벌써 올해의 수영복이 화제가 되고 있습니다' 이 광고는 여성잡지 3월호에 게재되었다. 여름 맞이를 무려 3개월이나 앞서고 있다.

- 비너스 브래지어 광고: '춘심은 곧 여심' 여자는 봄을 타고 남자는 가을을 탄다는 말이 있다. 새 봄맞이를 브래지어로 시작하라는 메시지의 광고다.

♣ 카피와 명언

- 웃었다. 사랑하고 있다. 봄이었다. 나의 메모리얼. (시세이도 화장품)
- 파란 가을 하늘에 빨간 단풍잎을 띄우고 오겠습니다. (코오롱스포츠 헤드)
- 겨울 입술에 시가 흐른다. (상아제약 립스틱)

제13장 여자의 일반적인 특성 229

11. 여자는 비극(눈물)에 약하다

두 남녀가 사랑싸움을 하면 남자는 침묵하고 여자는 운다. 여자의 생애는 '눈물의 일생'이라고 할 만큼 눈물이 많다. 왜일까? 첫 번째는 자신의 감정을 드러내는 가장 일반적인 수단과 방법이기 때문이다. 두 번째, 여자는 눈물을 흘릴 때 일종의 카타르시스(정화)를 느낀다고 한다. 가슴이 후련해지고, 시원해지는 것을 즐기려는 심리가 작용하기 때문이다.

연극 공연장을 둘러보면 60% 이상 여자 관객이 자리를 차지한다. 여자 관객에 의해 흥행 여부가 결정된다고 해도 과언이 아니다.

여자는 왜, 연극을 좋아하는가? 연극은 비애, 비련이 많다. 이것이 가장 큰 이유다. 여자는 본시 비극의 주인공이 되고 싶은 욕구가 있다.

비록, 비극이라도 그 주인공이 되고 싶은 것이다. 주인공이 실제 되지는 못해도 그런 스토리를 좋아한다.

여자의 이런 심리를 이용하여 TV 연속극, 영화는 상투적으로 아쉬움과 궁금증을 유발시키는 극적인 장면으로 끝맺는다.

행복한 장면으로 끝나는 영화보다는 '러브 스토리'나 '바람과 함께 사라지다' 그리고 '사랑과 영혼'처럼 '왜, 저렇게 슬프게 끝나야 하나?' 하는 안타까움이나 궁금증을 유도한다.

비극적으로 마지막을 장식하는 영화가 특히 여자의 기억 속에 보다 더 감동적으로 남는다. 즉, 비극의 주인공에 스스로를 감정 이입시키는 것을 여자들은 즐긴다.

이것이 센티멘탈리즘의 매력이 된다. 이 세상 베스트셀러 소설들이 대개는 인생의 슬픔을 표현한 것이 많고, 대중가요가 만남의 기쁨보다는 이별의 슬픔이 더 많은 것이 바로 그 이유다.

적당히 비극적 요소를 가미하면 스스로를 위로하고 구원을 얻는 카타르시스가 이루어져 효과를 보는 것이다. 정말 뛰어난 크리에이티브 소재가 된다.

- 농심 안성탕면 CF: 주부가 거실에서 홀로 드라마를 보며 라면을 먹는다. 드라마에 푹 빠져서 TV와 대화를 나누기도 한다. 자막 "내가 좋아 하는 거? 드라마 푹~ 빠지는 거…" 여자1: "어머 저런 나쁜~~"
이렇게 여자가 뉴스보다 드라마에 빠지는 것은 감성과 관계있다.
여자는 감성의 동물이기 때문에 감정만으로도 눈물을 쏟아낼 수 있다..

♣ 카피와 명언

- 크리넥스로도 닦을 수 없는 그리움이 있다. (크리넥스)
- 그리움의 반은 늘 닫아 놓는다. (맥심)
- 벨이 울리면 여자의 드라마가 시작됩니다. (프리텔 드라마)
- 인생은 비극이라고 생각할 때 비로소 살기 시작하는 것이다. (윌리엄 예이츠)
- 여자들에게 삶의 희노애락을 표현하는 가장 중요한 수단이 눈물인 셈이다. (도서, '세상에서 가장 어려운 상대 여자'에서)

12. 여자는 자존심(허영심)에 약하다

'세 가지 일이 여자 마음을 움직인다. 이해와 쾌락, 그리고 허영심이 다'라는 말이 있다. 그런데 여자의 허영심은 외모를 아름답게 하는 데 필요한 액세서리, 화장품, 드레스 등 물질적 사치에만 쏠려 있다는 것이 유감스럽다.

보석을 선물한다고 하자. 보석을 선택한다면 망설일 필요도 없이 다이아몬드다. '다이아몬드는 여자의 가장 좋은 친구다'라는 말이 있지 않은가. 그 어떤 보석보다도 여자의 허영심을 만족시켜 준다.

● 한국모피조합 광고: 허영심의 대표 상품, 모피코트. 경제형편이 어찌됐든 상관없이 모피 코트를 걸치면 신분상승과 상류사회 귀부인이 된 듯한 느낌을 갖는다. 고급 모피 코트 구입의 약 80%는 자기 체면을 가장 잘 살려줄 것이라고 생각하며 구입한다.

어떤 판매원이 '사모님, 이 옷은 기가 막히게 좋은 제품이기는 하지만, 가격이 좀 비싸서 웬만한 사람들은 사기가 좀 힘들겠죠?'라고 했다고 치자. 점원이 노골적으로 자기의 자존심을 건드리면, 불쾌해진 고객은 그 가게를 나가고 말 것이다.

그러나 비싸기 때문에 사기가 어려울 것이라는 암시를 은근하게 그리고 정중하게 전달했다고 치자.* '비싸니까 사기 어렵겠다고, 나를 뭘로 보고'하는 반발심이 발동하여 순간, 마음에 없는 물건을 카드를 써서라도 무리하게 구입한다.

결혼을 앞둔 신부들의 웨딩드레스 대여점에서 여자의 허영심은 어떻게 활용하는지 알아보자.**

상, 중, 하 3등급을 학, 거북, 참새로 다르게 표현해 놓고 '학 30만 원', '거북 15만 원', '참새 10만 원'이라고 정해 놓으면 '참새로 하겠어요'라고 하는 여자는 거의 없다. 가장 싼 참새에게는 전혀 관심도 없다.
부모님과 자신의 경제적 능력은 고려치 않고 종업원이 "일생에 단 한 번 뿐일 결혼식인데 학 정도는 해야겠지요"라는 말에 가장 비싼 드레스를 고르게 된다.

이처럼 학과 참새를 배제하고 거북을 고르는 심리현상을 '타협효과(Compromise Effect)'라고 한다. 여자의 이 심리 때문에 우리나라 혼수용품 회사들은 호황을 누린다.

드레스 자체보다는 친구들 혹은 다른 손님들 앞에서는 가장 비싼 물건을 사겠다는 여자 특유의 허영 심리가 작용한다.

상류 사회에서 이 상품은 필수품이라고 하면 당장 사지 않고는 못 배기고, 뒤떨어지는 것에 대한 자존심이 허락하지 않는 것이다.

---
* 이민규, 생각을 바꾸면 세상이 달라진다, 양서원, 1996.
** 와타리 노리히코 저, 박문숙 역, 여자는 이럴 때 지갑을 연다, 독자와 함께, 1993.

- 빨간펜 광고: 아이의 성적=엄마의 성적. 옆집 엄마와 옆집 아이에게 뒤처지면 자존심이 허락하지 않는다. 어떤 수단이라도 다 동원할 태세가 된다.

♣ 카피와 명언

- 엄마의 패션 감각을 말해준다. 이태리 아동복, 이오떼. (이오떼)
- 모피는 그 여자의 오늘을 말해준다. (진도모피)
- 알뜰한 사치. (LG우드라인)
- 조금은 사치스럽게, 내 피부가 프랑스를 만났다. (환희프레스티지화장품)
- 한 살 때, 가방 좋은 옷을 입혔습니다. 다섯 살 때, 가장 좋은 장난감을 주었습니다. 이제 그 욕심으로 지엔비 영어전문학원. (GNB)

제14장 의외로 재미있는 여자 심리

1. 여자의 상품은 여자가 기획하고 설계하면 성공하기 쉽다

몇 년 전까지만 해도 여성용 신제품은 남자가 중심이 되어 기획하고 개발되었다.* 최근에는 여자들의 감각과 입장에 의해서 개발되고 개선해야 할 점을 발견하게 하는 등 많은 여자들을 참여시킨 것이 특징이다.

남자 발상으로는 진정한 소비자(여자) 심리를 파악할 수 없다는 것을 뒤늦게나마 깨닫게 되었다. 즉, '여자의 마음은 여자가 잡아라'라는 취지에서 시작되었다. 그 핵심은 감성 자극, 강성 호소라는 점이다.

현재 주방용품에서부터 사무용품, 아파트에 이르기까지 그 성과가 실제로 곳곳에서 나타나고 있다. 또한 여자들이 개발한 제품들이 히트하기 시작했다.

최근에는 가정용품이나 주방용품 등 종류가 매우 다양해진 데다 이러한 상품을 소비하는 계층이 아무래도 주부들이기 때문에 여자 취향에 맞추지 못한 상품은 시장에서 살아남을 수 없게 되었다.

따라서 신상품 개발 팀에 여자를 몇 명 정도 가담시키거나 과감하게 여자들로만 구성된 프로젝트 팀을 운영하는 것도 좋은 방법이다.

우리나라에서 여자로서, 엄마로서 여자들의 마음과 바람, 결핍을 적확하게 파악하여 가전제품 개발에 성공한 업체가 있다. 바로 '한경희생활과학'이다.

---

* 와타리 노리히코 저, 박문숙 역, 여자는 이럴 때 지갑을 연다, 독자와 함께, 1993.

- 한경희생활과학 홈페이지: 주부들에게 다림질은 힘들고, 번거로운 일. 그 일을 '누가 대신해 줬으면~'하는 일중의 하나다. 여자들의 이 바람을 여자가 잘 이해하고 만든 상품이 스팀다리미. 출시되자마자, 날개 돋친 듯 팔려 나갔다.

- LG 히든쿡 광고: 전기전자제품 등 생활용품은 가계 구조상 90% 이상을 여자가 사용한다. 가스레인지 장점과 전기레인지의 장점이 서로 결합됐으면 하는 여자들의 바람과 요구에 의해서 이 두 가지 기능이 합쳐진 신제품이 탄생하였다.

● 깨끗한 나라 '보솜이' 광고: 보솜이는 엄마들의 아기 사랑과 사용 경험을 바탕으로 아기건강연구소에서 만든 제품이다. 그래서 모든 아기 엄마들에게 자신 있게 추천한다.

여자를 제품개발뿐만이 아니라 마케팅전략 수립, 유통 등에도 적극 참여시키고 주부 모니터 요원을 운영하여 성공한 사례이다.

여성 소비자가 주체인 상품은 남자 중심의 일방적인 발상만으로는 무리가 따른다. 여자가 직접 나서서 기획하고 만드는 것이 좋은 결과를 낳는 시대가 이미 시작되었다.

● 하유미 수분 팩: 2008년 4월, 홈쇼핑에서 1천2백80억 원의 매출을 기록하며 홈쇼핑 전설이 되었다. 화장과 화장품 등에 깊은 조예가 있는 유명 연예인이 만든 마스크 팩. 사용해 본 경험으로 만들어 큰 인기를 끌었다.

2. 소녀는 빨리 여인이 되고 싶어한다

청소년은 코흘리개 어린이가 아니다. 언제까지나 부모 과잉보호 속에 있는 연약한 존재가 아닌가. 독립된 인격체로 격상시켜야 한다. 그러면 그들은 쉽게 동화된다.

10대들도 이제는 어른이고 자기 인생을 스스로 책임질 나이라고 은근히 부추기면 입이 벌어지게 된다. 그들은 항상 자기들을 어린애 취급하는 것에 큰 불만을 품고 있기 때문이다.

학생복을 입었던 시절, 여고 졸업 반 학생들에게 '졸업하면 제일 먼저 하고 싶은 일이 무엇이냐'고 물었을 때, 가장 많이 나온 대답이 '헤어스타일을 바꾸기 위해 미장원에 가겠다'고 답했다.

• 어린이 장난감 광고: 엄마가 화장하는 모습을 보고 자란 여자 아이. 이런 화장대 장난감을 통해서 엄마 흉내를 내며 빨리 성인이 되고 싶은 욕구를 충족시킨다.

만약 액세서리 코너 판매원이 물건을 사러 온 여학생에게 여학생다운 액세서리를 권한다면 센스 없는 판매원이 되고 만다.

16살 난 여학생이라고 해서 그 나이에 어울리는 물건을 판매원이 권해주면 그다지 호감을 나타내지 않는다.

다른 20세 정도의 여자들이 하는 것과 똑같은 물건, 세상 모든 처녀들이 사용하는 똑같은 물건을 손에 넣고 싶어 한다.

청소년들은 한두 발자국 더 앞서 '발돋움 의식'을 갖고 있다는 것을 알아야 한다.

● 엘리트 교복 광고: 비록 나이는 청소년이지만 신체와 패션 욕구는 이미 성인 수준이다. 교복 선택 1순위도 세련된 숙녀 옷처럼 '디자인과 패션'을 가장 중요시한다.

● 폴 부띠크 광고: 광고 모델이 소녀들이 갖고 노는 바비인형을 쓰레기통에 버린다. 이제 이런 인형놀이 할 나이는 지났고 성숙한 여인임을 선언하는 여성용 백 광고이다.

♣ 카피와 명언

- 숙녀 출발. (드봉 에스코트)
- 소녀, 입술하다. (에뛰드스타일립)
- 소녀는 정말 이상해서…… 사람들은 그녀가 원하는 것이 무엇인지 결코 알지 못한다. 그녀는 싫으면 좋다고 말하고 재미삼아 한 남자를 미치도록 한다. (루이자 메이 올컷)

3. 여자는 바다와 석양에 약하다

동양역학에서는 여자와 물을 같은 것으로 본다. 비가 내리면 땅은 젖고 새로운 생명이 탄생하기 때문에 물은 생명의 근원이라고 한다. 또 물은 감정과 정서적인 에너지이며 정서는 여성적 요소가 된다.

감정적 에너지는 물의 성질과 매우 비슷하여 뜨거워지기도 하고, 차가워지기도 하고 모으면 무거워진다. 그래서 물은 여성을 상징하고 강물이나 호수, 바다는 성적 이미지로 묘사된다.

● 비달사순 헤어 드라이 광고: 모나리자 미소를 패러디한 광고다.
모나리자 뒤에 있는 물과 바위 그리고 석양. 남성성을 상징하는 바위와 여성성을
상징하는 물, 무드 분위기 석양이 결합된 성적 이미지 표현이다.

물이 있는 절경에 가는 일을 기뻐하지 않는 여자는 거의 없다. 여기에 저녁이라는 애매한 시간을 여자는 또 즐거워한다.

여자의 성적 감정은 오후 4시부터 7시까지 사이가 가장 고조된다고 한다. 이 시간대는 인간의 하루 생체 리듬 중에서 미열이 발생하는 때이다. 그것도 남자보다 여자 쪽이 현저하게 발열한다.

● 허니문리조트 홈페이지 이미지: 신혼부부가 해가 지기 직전 백사장에 촛불을 장식해 두고 와인 건배를 한다. 무드가 넘치는 이런 분위기라면 여자의 신체 리듬은 고조된다.

● M 향수 광고: 여자의 관능적 시간대인 황혼 무렵, 황홀해지고 싶은 심리가 있다. 이때 관능의 분위기를 고조시켜 주는 상품이 바로 향수다.

평균 체온은 36도 이하인데, 일몰 직전에는 36.4도까지 체온이 상승한다고 한다. 여자를 공략할 때도 이 시간대를 이용하면 효과적이다.

사랑의 노래 중 한낮을 노래한 곡은 거의 없지만 해질녘과 저녁을 노래한 것은 대단히 많다.

정신과 육체가 가장 부조화를 이루어 사고 능력이 저하되고 긴장감이 풀리는 오후4시 이후 시간대에 석양의 바다를 보고 감상에 젖지 않는 사람은 거의 없다.

마치 자신이 그곳에 있는 것 같은 기분 때문에 달콤한 착각 속으로 빠져든다. 로맨틱, 서서히 지는 석양에 자신을 오버랩하면서… 이때 여자의 신체는 고조된다.

- 클라우드 광고: 황혼의 바닷가에서 좋은 친구들과 함께 맥주를 마시는 행복한 시간. 황혼과 맥주의 칼라가 잘 어울린다. 우리나라에서 소주광고는 여자모델, 맥주광고는 남자모델이 활용되는데 이 광고는 처음으로 여자모델을 등장시킨 발상전환 광고다.

4. 여자는 비 오는 날에 약하다

비가 오면 생각나는 그 사람… 심수봉의 '그때 그 사람'이라는 노래 가사 첫 대목이다. 비가 올 때마다 사랑하는 사람과 함께 있었다면 그 사람이 없어도 비가 오면 생각나게 마련이다.

맑은 날이 궂은 날보다 더 많을 텐데 사랑을 읊는 유행가들은 눈이나 비 또 안개와 같은 궂은 날을 주제로 한 것이 더 많다.

좋아하는 사람이야 비 오는 날도 만나지만, 별 볼 일 없는 사람을 날 궂을 때 만나는 경우는 드물다.

● K-STYLE 패션광고 이미지: 여자가 우산도 없이 외출을 했는데 갑자기 비가 쏟아져 내려 막막한 상황. 이때 사랑하는 연인이 짠~ 나타난다. 여자는 큰 위로를 받고 행복해 한다.

그래서 비가 오면 사랑했던 사람이 더욱 더 생각난다. 뿐만 아니라 비 오는 날 만남이 더 정감을 느끼게 하므로 비만 오면 그때 그 사람이 생각난다.

이처럼 과거에 경험했던 어떤 자극이 제시되면 그 자극 상황에서 나타났던 반응들이 일어나는 것을 심리학에서는 '조건 반사(또는 조건 형성, Conditioning)'라고 한다.

남녀 관계에서 로맨틱한 분위기를 고조 시키는 데 있어서 비는 멋진 소도구가 될 수 있다.

- 쏘나타 TV광고 이미지: 비오는 날은 사람들로부터 감성을 이끌어 내는데 최적의 날씨이자 소재다. 비오는 날의 아름다운 영상미와 빗소리가 어우러지면서 시청자들을 감성적 영역으로 끌어 들였다.

5. 여자는 타인의 눈을 의식하지 않는 대담함도 있다

여자는 집과 멀리 떨어진 곳이나 낯선 장소에서 대담해진다. 직장이나 집 근처에서는 매우 겁쟁이가 된다.

가까운 곳에서는 소문이 쉽게 나고, 그 소문에 휩싸이는 것을 두려워하기 때문이다. 그래서 여자는 집과 멀리 떨어진 낯선 곳에 가면 쉽게 흥분하고 대담해진다.

● 라벨로 챕스틱 광고: 이별과 만남의 장소 열차 플랫폼에 '키싱 포인트'를 설치하여 헤어지기가 싫은 연인이 키스를 하고 있다. 물론 주변 사람들이 쳐다 볼 수 있다는 것을 느끼며 또한 이를 즐긴다.

여자는 연인과 최후의 단계까지 가면 누군가에게 보여주고 싶다는 욕망을 갖는다. 호텔에서는 자신과 그 사람 뿐, 그렇지만 공원 벤치는 항상 누군가에게 보일 수 있는 상황이다.

여자는 그 상황을 거부하지 않는다. 가령 낯선 장소에서 타인의 눈을 의식함으로써 보다 강한 흥분 상태로 돌입 되며 이 점에서 여자의 대담성을 엿볼 수 있다.

때로는 여자와 키스나 포옹을 할 때도 많은 사람들 앞에서 하는 것이 효과적일 수도 있다. '어차피 많은 사람들에게 보여졌는데…'하는 체념과 동시에 짜릿한 흥분을 기대한다.

● 디젤 청바지 광고: "바보가 되자"는 슬로건으로 젊음, 패기, 도전 등을 파격적인 이미지와 카피로 표현한다. 우리 마음속에 자리한 불손함 그리고 대범함을 드러내고 있다. 바보라서 더 용감하다.

6. 여자는 스트라이프 넥타이에 약하다

'여자란, 제 아무리 마음이 위를 향하고 있을 때도 모든 것을 제쳐놓고 넥타이에 시선이 머무는 것이다'라는 말이 있다.

양복 깃과 셔츠 칼라, 넥타이가 만나는 'V존'은 남성 멋 내기 핵심이 되는 지점. 그 사람의 성격과 품위, 인상을 결정하는 곳이다. 그래서 여자는 남자가 메고 있는 넥타이에 관심을 갖는다.

그 이유는 3가지다. 우선, 비즈니스맨 정장에서 색채를 사용할 수 있는 곳은 넥타이 뿐이라는 것이다. 남자가 정장에서 적색을 사용할 수 있는 곳은 넥타이밖에 없다.

비즈니스맨에게 빨간 양복은 생각할 수 없는 일이다.

즉, 복장에서 칼라로 포인트를 줄 수 있는 곳은 오직 넥타이밖에 없고, 여자는 넥타이로 그 남자의 센스를 판단하기 때문이다.

두 번째 이유는 신장 차이에 있다. 평균적으로 남자와 여자의 신장 차는 10~15% 정도로 여자의 키가 작다. 남자와 여자가 대면할 때, 물리적으로 눈앞에 넥타이가 한 눈에 들어오게 된다. 보고 싶지 않아도 눈앞에 넥타이가 있다는 사실을 기억해 둬야 한다.

마지막으로 경사진 것에 로맨틱한 감정을 갖는다고 하는 '시상감정(視想感精)'이다. 그래서 계단, 언덕, 경사진 스트라이프 문양을 선호한다. 그렇다고 여자들이 계단이나 경사진 언덕 오르는 것을 좋아한다는 말은 아니다.

넥타이가 양복과 어울리지 않거나 김칫국물 등의 얼룩이 있다면 여자는 환멸을 느끼게 된다. 그래서 넥타이만큼은 신중하게 고르고 센스가 느껴지는 것을 골라야 한다.

왜냐하면 여자는 매고 있는 넥타이로 그 남자의 모든 것을 판단하기 때문이다. 여자는 상상 이상으로 까다로운 눈을 갖고 항상 남자를 지켜본다. 하찮은 행동 하나라도 조심해야 한다. 여자의 안테나는 24시간 작동하기 때문이다.

● AOKI 광고: 멋지고 세련된 양복 모델의 두 남성. 넥타이가 모두 스트라이프 문양이다. 세련되고 강한 남성적 이미지가 물씬 느껴진다.

● 제일모직 정장 세트: 좌측의 일반 문양 넥타이보다 우측의 스트라이프 문양 넥타이가 한 눈에 들어올 만큼 강한 인상을 준다.

7. 여자는 어머니(모성)에 약하다

'자식을 낳아 봐야 부모 마음을 안다'는 말이 있듯이 아이를 낳고 키울 때, 비로소 어머니 희생에 감사와 연민을 느끼게 된다.

삶에 지칠 때마다, 쓸쓸하고, 허허로울 때 여자는 어머니 가슴으로 돌아가고 싶은 것이다.

세월이 흘러도 영원히 변하시 않는 어머니 가슴을 그리워하면서 흘리는 눈물은 카타르시스가 되어 삶에 의욕을 준다.

여자가 결혼할 때, 딸을 시집보낼 때 눈물짓지 않는 모녀는 드물 것이다. 같은 여자로서 질투도 느끼고 한편으로는 깊은 정을 함께하기도 한다.

시집가서 살림은 제대로 하는지, 어른을 잘 모시는 지 등등의 걱정이 마를 날 없다.

모든 것이 서투른 딸은 어머니에게 구원의 손길을 뻗친다. 집들이 할 때, 딸집에 가서 잔치 상을 봐주시고, 계절이 바뀔 때마다 밑반찬도 대어주는 정성을 아끼지 않는다.

그러한 어머니 모습을 보고 딸은 눈물짓고, 정을 느끼고 효를 생각하게 된다. 이런 장면의 광고를 보면 여자는 마음과 지갑을 연다.

- 삼성생명 효 캠페인(어머니 편): '어머니'라는 말만 들어도 가슴 뭉클해진다. 나이를 먹고 인생을 알면서 어머니라는 존재가 얼마나 큰지를 새삼 느낀다. 그래서 광고에 어머니가 나오면 주목하게 된다.

- 현대 Hicar 광고: 자동차 보험이 가장 절실하다고 느끼는 순간은 바로 사고 발생 순간이다. 이때 엄마처럼 처음부터 끝까지 든든하게 지켜주는 자동차 보험회사가 되겠다니 얼마나 든든한 한가.

♣ 카피와 명언

- 어머니 손끝에서 빨랫감이 때를 벗으면 세상은 온통 시리도록 눈이 부셨습니다. (삼성전자)
- 아름다운 여성 시기는 짧고, 훌륭한 어머니로서의 시기는 영원한 것이다. (공자)
- 여자는 약하나 어머니는 강하다. (셰익스피어)
- 어머니의 눈물은 자식의 불평을 씻어낸다. (알렉산더대왕)

8. 여자에게는 남성성(性) 애니머스가 있다

스위스의 심리학자, 융(C.G. Jung)에 의하면 모든 남자의 무의식 속에 여성성이, 모든 여자의 무의식 속에 남성성이 마음속 깊이 잠재한다고 한다. 이를 심리학 용어로 남자의 여성성을 '애니머(Anima)', 여자의 남성성을 '애니머스(Animus)'라고 한다.

그래서 여성스러운 남성이 있고 남성스러운 여성이 있게 되며 불충분하지만 남자가 여자를, 여자가 남자를 이해할 수 있게 된다. 만일 인간이 이러한 심성을 지니고 있지 않으면 남녀가 서로 정체를 알 수 없는 생물 이외의 아무것도 아니며 서로 혼을 끌어당기거나 사랑을 주고받을 수가 없다.

애니머스가 부정적으로 작용할 때는 차갑고 파괴적이며 타산적인 소유욕, 지배욕, 독점욕, 잔혹 무모, 공포, 숨 막히는 침묵, 완고함, 사악 등으로 나타난다.

긍정적으로 작용할 때는 이성적 사고를 유도하여 결단성 있게 일을 처리하며 강한 생활력을 나타낸다.

여자의 강한 마음, 차가운 태도의 애니머스는 4단계로 발현된다.[*]

첫 번째 단계는 육체적인 '힘'을 느끼게 하는 남성이다. 스포츠 선수가 그 대표적인 예이다. 아이돌 스타, 탤런트, 야구 등 운동선수, 오토바이 레이서, 카 레이서, 보디빌더 등을 동경하는 단계이다.

---

[*] 시라이시 고오이찌 저, 박달규 역, 재미있고 즐거운 심리학, 한국산업훈련연구소, 1993.

● 신신파스 아렉스 광고:
강한 '수컷 성'과 '소년다움' 이미지가 느껴지는 스포츠 선수를 광고모델로 한 광고. 여자는 이처럼 육체적인 힘과 순수함이 느껴지는 수컷 출연 광고에 관심 갖는다.
애니머스 1단계에 해당하는 광고다.

두 번째 단계는 행동력이 넘치는 믿음직한 느낌을 얻을 수 있는 남성에게 매력을 느낀다. 여자는 엉거주춤 하는 것을 생리적으로 싫어한다. 이도 저도 아닌 상태는 감내하기 어려운 것이다.

결단이 서면 즉시 행동으로 옮기고 계획한 일은 세차게 밀어붙여 완벽하게 수행한다. 특히 여자에게 부드럽고 강력하게 리드하는 남성이다. 그의 리드에 따르면 틀림없다는 신뢰감을 얻는다.

● 참좋은여행사 CF: '가사 노동에 스트레스가 어마어마하게 쌓인 어머니에게는 뭐가 좋을까, 부드러운 카리스마의 연예인이 홋카이도' 여행이라는 해결책을 제시해 주자, 엄마와 딸이 감격한다. 애니머스 2단계에 해당하는 광고다.

큰일이 아니더라도 '좋아! 이것으로 하자'고 하면 늠름하고 씩씩한 남자로 비친다. 그것을 우물쭈물하면 여자에게 인기를 얻을 수 없는 일이다. 예를 들면 가구 판매점에서 손님이 '둥근 식탁으로 결정할까?', '사각 식탁으로 결정할까? 구입을 망설이면 긴장 상태가 된다.

자기 자신의 긴장 상태에서 구출되고 싶어 하기 때문에 과감하게 손님에게 적당한 설명과 함께 '이것이 좋습니다' 하면 구매를 결정한다.

이럴 경우에 '댁에는 오히려 둥근 식탁이 어울리겠습니다. 주방 분위기가 몰라보게 달라질 것입니다'라고 권하는 것이 확실한 판매 전략이 된다.

손님은 그 한마디에 '이것으로 할까, 저것으로 할까' 하고 마음을 못 정하는 데서 벗어나 그것들 중 하나를 선택하게 된다. 마치 속을 환히 꿰뚫어 보는 것처럼 '해답은 그것밖에 없다'라고 단정해 주면 안정을 못 찾던 마음이 단번에 단정되는 방향으로 쏠리게 된다.

이러한 심리 기제는 심리학에서 '오 전제 암시'라고 한다. 여자를 유혹할 때도 이런 단정법을 사용하면 효과적이다.

그 여자에게 '나 이외에 당신과 잘 어울릴 사람은 없어요. 틀림없이 당신은 나를 사랑하게 될 거요. 당신이 취할 길은 그것밖에 없으며 반드시 행복하게 될 거요'라고 장담하면 매력에 푹 빠져들게 된다.

세 번째 단계는 정신적으로 깊이와 넓이를 느끼게 해 주는 남성에게 매력을 느낀다. 저명한 소설가와 시인 등 잡지나 TV, 라디오에 자주 등장하는 평론가, 문화 예술가들이 대표적인 예이다.

그다지 유명하지 않아도 된다. 일생 동안 연구에 몰두해 온 사상가, 음악가, 향토 사학자 등에게도 존경심을 갖고 이들이 가입한 블로그나 카페, SNS, 페이스북 등의 친구가 되어 교제를 이어가기도 한다.

• 동국제약 인사돌 CF: 우리나라 남자 연예인 중에서 가장 신뢰받고 아버지처럼 느껴지는 포근한 인상의 탤런트, 최불암. 왠지 그가 권하는 상품이라면 확실할 것 같다.

• 소셜커머스 CF: 소설가 이외수가 광고모델로 등장했는데 익살스러운 표정으로 "똑 사세요! 또옥, 노인돌 이외수 옵하"를 외쳐댄다. 이는 애니머스 3단계에 해당된다.

    이 서클의 종류는 학문 연구에만 한정되는 것이 아니고 회화, 조각, 음악, 서예, 다도 등 다방면에 이르고 리더의 정신적인 기품에 매력을 느끼게 되면 이 단계로 간주된다.

    예술가는 말할 것도 없지만 목사, 종교가 좀 드물기는 하지만 대학교수도 포함된다.

네 번째 단계는 세 번째와 같은 정신성에 일상생활, 삶의 방법에 지적인 의미를 부여하고 가르쳐 주는 남성이다. '현자' 혹은 '노현자'라고 불리는 인물이다. 주변에서 쉽게 만날 수 없는 인물들이다.

그래서 현실이 아니라 꿈에 나타나는 경우가 있다. 여자가 걱정거리를 갖고 있거나 고민할 때, 꿈속에서 흰 수염에 지팡이 든 도사를 만나거나 하는 일이 있게 된다.

즉, 여자의 애니머스는 아버지 심상뿐만 아니라 다양한 남성성이 믹스되어 있기 때문에 복수가 되어 다중적인 인격이 되었다고 주장한다.

● 정관장 패키지: 신선이 선녀들에게 둘러싸인 비주얼 패키지 디자인.
여자가 갖고 있는 어렵고 힘든 문제는 꿈에서 신선이나 도사가 나타나 해결책을 주는 경우가 있다. 이 애니머스 4단계를 비주얼로 표현한 패키지 디자인이다.

〈참고 문헌〉

1. 도서 자료
- 김덕자, 광고와 에로티시즘, 미진사, 1989.
- 김미경, 성공과 실패에서 배우는 여성 마케팅, 위즈덤하우스, 2005.
- 김승용, 이런 마케팅이 여성의 마음을 사로잡는다, 도서출판 세훈, 1997.
- 김원규, 카피·카피라이팅·카피라이터, 나남, 1993.
- 다카히라 아이 저, 박진배 옮김, 여성고객의 마음을 움직여라, 경성라인, 2013.
- 마르끄 알랭·데깡 저, 이연숙 역, 유행심리, 동국출판사, 1990.
- 마사 발레타 저, 최기철 옮김, 여자한테 팔아라, 청림출판, 2003.
- 사쿠라이 히데노리, 윤정란 역, 여자를 알아야 성공을 잡는다, 행담, 1996.
- 션티·제프 펠드한, 윤혜란 옮김, 여자들의 내면세계를 알고 싶은 남자들만 위하여, 미션월드, 2013.
- 시라이시 고오이찌 저, 박달규 역, 재미있고 즐거운 심리학, 한국산업훈련연구소, 1993.
- 신강균, 장미보다 사랑을 팔아라, 컴온북스, 2003.
- 야마다 리에이 저, 김충기 역, 기업전략과 디자인의 원리, 디자인하우스, 1989.
- 이낙운, 광고제작의 실제, 나남, 1989.
- 이민규, 생각을 바꾸면 세상이 달라진다, 양서원, 1996.
- 이영직, 마케팅 인사이드, 한뜻, 1994.
- 이효준, 마케팅 열전, 그린비, 1995.
- 월간디자인, 디자인 하우스, 1996 5월호.
- 와타리 노리히코 저, 박문숙 역, 여자는 이럴 때 지갑을 연다, 독자와 함께, 1993.
- 앨런 피즈·바바라 피즈 저, 이종인 역, 말을 듣지 않는 남자 지도를 읽지 못하는 여자, 가야넷, 2000.
- 전미옥, 여자의 언어로 세일즈 하라, 도서출판 갈매나무, 2011.
- 조셉 슈거맨 저, 송기동 옮김, 마음에 착 달라붙는 카피 한 줄, 북스 넛, 2011.

- 조영환, 세상에서 가장 어려운 상대 여자, 지상사, 2010.
- 최광선, 여성심리, 기린원, 1990.
- 최광선, 재미있는 생활심리, 기린원, 1994.
- 최광선, 그 마음이 알고 싶다, 새길, 1996.
- 카를 쿠스타프 융 저, 조성기 역, 카를 융 기억 꿈 사상, 김영사, 2007.
- 타고 아키라 저, 강성욱 역, 심리설득술, 경성라인, 2014.
- 팩카이드, 숨은 설득자, 한국생산성본부, 1968.
- 하용득, 한국의 전통색과 색채심리, 명지출판사, 1989.
- 후꾸시마 찌즈고 저, 동방기획 역, 여자를 알면 돈이 보인다, 동방기획, 1996.
- 후지타 덴 저, 장유원 역, 머니-맵, 넥서스, 1996.
- 히데노리 사쿠라이 저, 김도희 역, 여자의 지갑을 열게 하라, 오월, 1994.
- 히라다테 미키 저, 최현미 옮김, 프린세스 마케팅, 오늘의 책, 2007.
- 渡紀彦, 女性の 心が わかる 本, 三笠書房, 1986.
- 櫻井秀勳, 心が わかる 200の マニュアル, 三笠書房, 1995.
- 櫻井秀勳, 口說き 方, 心理事典 三笠書房, 1997.
- 澁谷昌三, 心理 おもしろ 實驗 ノート, 三笠書房, 1992.
- 澁谷昌三, 心を かむ 心理學, 三笠書房, 1993.
- 澁谷昌三, 使える 心理 ネタ, PHP文庫, 2000.
- 淸田豫子紀, 深層心理 おもしろ 實驗室, 靑春文庫, 1998.
- 多湖輝, 不思議な ふしぎな 人間心理, ごま書房, 1986.
- 多湖輝, 心理 トリク, ごま書房, 1995.
- 島田一男, 女が わかる 心理學, 三笠書房, 1992.
- 國分康者·國分久子, 男性の 心理, 三笠書房, 1993.
- 南博, 心理學が わかる 事典, 日本實業出版社, 1983.

2. 인터넷 사이트 및 기타 자료

- 조선비즈 2016.1.8
- 이코노미 조선 2014. 9월호
- 연합뉴스 2007.2.12.사랑은 왼쪽 귀에 속삭여야 '더 효과적'
- 아시아경제 2016.9.3., '백화점 사운드 마케팅'

- 헤럴드경제 2012.10.16., 2015.11.11.
- 서울신문 나우뉴스 2015.1.24
- ewhabrandcommunication.wordpress.com
- news.donga.com
- http://tcasuk.blog.me/40001753342
- http://enjoiyourlife.com/952
- http://smilev.tistory.com
- fashionnetkorea.com
- www.cstimes.com
- http://sknc.dothome.co.kr/sknc/201502/main_article/04.html
- http://news.mt.co.kr/
- http://bravo.etoday.co.kr
- kr.wsj.com
- expert-biz.kr, '쓰리히트 이론'
- buildingin.com
- 커브스 서킷 홈페이지
- 광고사진 자료: HSAD 외 다수 광고대행사 및 naver.com, daum.net 광고 관련 사이트에서

* 이 책을 발간하기 위해 심리학 및 광고마케팅 서적과 연구 결과를 참고 하였습니다. 참고 문헌을 밝혀 감사의 뜻을 표시함과 동시에 독자 여러분들의 보다 깊은 이해를 위해 아래와 같이 제시합니다. 오류나 누락된 부분에 대해서는 양해 바랍니다.

| 에필로그 |

2015년에 이어 두 번째 책을 출간하였다. 이 책의 내용은 예전에 모 디자인사이트에서 유료 콘텐츠로 선 보였다가 종료한 후, 출간하기로 했는데 미루고 미루다 이제야 수정·보완하여 출간하게 되었다.

출판사를 운영하는 후배가 책 제목을 보고 노파심에 한마디 건넸다. "선배님, 그다지 유명하지도 않은데 왜 책 제목에 이름을 넣으셨습니까?" 라고. 그래서 이렇게 대답했다. "앞으로 유명해지려고 넣었는데...."

아리스토텔레스 수사학에서 가장 효과 있는 설득요소를 '에토스'라고 했다. 아직 유명하지는 않지만 앞으로 내게 될 책 제목에 이름을 넣어 에토스 효과를 보려고 한다.

책 제목에 이름을 넣는 이유는 세 가지가 있다.

첫 번째, 유명인이 되기 위해서다.

두 번째, 책 내용에 대한 책임감과 자부심을 독자들에게 드러내기 위해서다.

세 번째, 앞으로 계속 출간할 책의 아이덴티티를 유지하기 위해서다.

처음 출간한 '위경환의 5steps 아이디어 발상법'에 이름을 넣기 위해서 대형서점을 10여 차례 이상 방문하였다. 많은 관련도서들을 훑어보고 차별성과 유일함을 확인하고 나서 이름을 넣기로 결정하였다.

이번에 출간한 '위경환의 여자심리 마케팅'도 내용면에서 차별성과 유일함을 확보하였다. 수많은 여성마케팅 도서가 있지만 여자심리 이론과 마케팅 이론 여기에 카피와 비주얼을 넣은 최초의 여성마케팅 도서로서 마케팅 현장에서 바로 응용할 수 있는 실무 도서로서 큰 의미가 있다.

앞으로도 기 출판된 두 종의 책처럼 Timeless 도서 출간에 힘쓸 것을 다짐한다. 무엇보다도 아들이 책을 낸다는 일에 무척 기뻐하시는 어머니에게 효도하는 것 같아서 기쁘다. 이것만으로도 큰 행복이다.

지은이 **위경환**

1983년부터 현재까지 기업의 광고마케팅 전략수립과 제작업무 등 외길을 달려왔다.

수많은 광고마케팅 업무를 진행하면서 얻은 결론 하나, 이 모든 과정이 '여자'를 목표로 향한다는 것이다.

즉, 모든 On-Off Line 광고마케팅에서 여자심리를 반영하지 않으면 성공할 수 없다는 것이 결론이다.

이를 바탕으로 평균적인 여자심리와 광고마케팅 전략에 효과가 입증된 다양한 Copy와 Visual 성공 사례를 결합시켜 이 책을 내게 되었다.

- 서울과학기술대학교 산업디자인학과 졸업
- 건국대학교 언론홍보대학원 졸업
- Kobaco 공익광고제 및 조선일보광고대상 공모전 외 12회 수상
- 롯데전자 광고실 근무
- 동아생명 기획실 근무
- 광고디자인제작사 동양기획 운영 및 다수 광고대행사 근무
- 신구대학교, 인하공업전문대학교 외래강사 역임
- 현재 :
  - 글로벌사이버대학교, 동원대학교 외래강사
  - '창의력과 위경환의 5steps 아이디어 발상법'
    '기업운명을 좌우하는 2way 브레인스토밍'
    '여자가 지갑을 여는 Copy와 Visual 전략(여자심리 마케팅)' 강의 중
- 저서: 위경환의 5steps 아이디어 발상법(2015)
- 네이버 블로그: 위경환아이디어발상훈련소
- 강의문의: ideacoaching@naver.com

위경환의 여자심리 마케팅

초판 1쇄 2016년 10월 01일
초판 2쇄 2023년 10월 01일

편 저 자   위 경 환
발 행 인   권 호 순
발 행 처   시간의물레
주   소   경기도 파주시 숲속노을로 150 708-701
전   화   031-945-3867
팩   스   031-945-3868
전자우편   timeofr@naver.com
블 로 그   http://blog.naver.com/mulretime
홈페이지   http://www.mulretime.com
I S B N   978-89-6511-163-4 (93180)
정   가   15,000원

* 이 책의 저작권은 저자에게 출판권은 시간의물레에 있습니다.
* 잘못된 책은 바꿔드립니다.